손인수 인터뷰집

「카페동네사람들」

한국 커피산업 도약기 사업가 10인의 기록

이 세 욱

송 창 윤

박 정 수

차 명 원

김   황

이 승 훈

이 영 성

이 태 언

김 호 기

이 상 호

손인수 인터뷰집

「카페동네사람들」

책머리에

지금껏 사회생활에서 많은 사람을 만났습니다. 만남의 점들이 이어져 선을 만들 듯, 의미 없는 만남은 없었지요. 그 중에서도 카페 및 커피업계 사업가들이 여럿입니다. 새천년을 전후로 커피전문지를 준비하고 발행하면서 맺은 인연들입니다.

지금은 원두커피가 대세로 굳혀졌지만 20여 년 전 커피 하면 걸쭉한 인스턴트커피였습니다. 원두커피는 변방에 머물렀습니다. 커피에 관한 콘텐츠도 찾아보기 힘들었습니다. 이런 여건에도 커피전문지를 시작한 건 머지않아 커피시장이 원두커피로 재편되고, 카페도 크게 늘어나리라 보았기 때문입니다.

커피전문지 아이디어는 당시 한국CMS 연제성 대표의 권유가 계기가 되었습니다. 만날 때마다 그는 원두커피의 부흥을 예고했고, 커피전문지가 필요하다고 강조했습니다. 제과제빵 전문지를 발행하던 회사를 설득해 커피전문지(월간 커피)를 창간한 게

2001년 11월입니다. 연 대표는 창간 준비부터 초기 어려웠던 시절에 자기 일처럼 발 벗고 나서 커피 사업가들과 전문가들을 많이 소개해주었습니다. 2010년대 초 커피업계를 떠나 자연과 책을 벗하며 지내고 있지만 그가 남긴 흔적이 뚜렷합니다.

당시 30대에 들어선 청년 사업가, 바리스타로서 자기 일처럼 도움을 아끼지 않은 정진범 대표(BTS코리아), 이영민 바리스타(현 CBSC인터내셔널 대표)도 떠오릅니다. 정 대표는 당시 '아이러브에스프레소닷컴'이라는 사이트를 운영하며 축적한 에스프레소 콘텐츠를 제공했습니다. 이영민 바리스타도 자신의 커피 노하우와 지식을 나눴고 국내 최초로 바리스타 테크니컬 전문서 《커피트레이닝》을 출간했습니다. 이 책의 편집책임자로서 원고를 다듬고, 그의 사무실에서 책에 필요한 사진을 찍었던 기억이 생생합니다.

2003년 그 잡지사를 그만 두었을 때, 커피업계 사업가들과의 인연도 여기까지라 여겼습니다. 옮긴 직장에서 다른 분야의 잡지를 만들었지만 오래 가지 못했습니다. 부서가 해체되었고, 그곳을 나와야 했습니다. 소식을 들은 ㈜에스앤피인터내셔널 김호기 대표가 원두커피 수입업을 권유했습니다. 김 대표 사무실 한쪽에 책상을 두고 1인 기업으로 시작했습니다. 나이 마흔, 2005년 1월의 일입니다. 끝났다고 여겼던 커피와의 인연은 2년여 만에 다시 이어집니다.

그러나 커피수입업은 채 6개월도 못 갔습니다. 많이 팔아야 하지만 팔릴수록 투입해야 할 자금도 커질 수밖에 없지요. 엄두가 나지 않았습니다. 초도 물량이 소진될 시점에 맞춰 수입업을 정리했습니다. 그동안 만났던 사업가들이 큰 산처럼 보였습니다.

자금압박 없이 해볼 수 있는 사업은 결국 경험을 살리는 거였습니다. 클라이언트의 콘텐츠 자산을 발굴해 온·오프라인 채널로 전파하는 콘텐츠마케팅 사업을 시작했습니다. 가끔 귀동냥으로 커피업계 사업가들의 소식을 들었습니다. 희비가 엇갈렸지만 연륜을 쌓아가는 모습들이었습니다.

2000년대 들어 원두커피 시장은 기대 이상으로 급성장했고, 한국 커피시장은 새로운 단계로 도약합니다. 중남미, 아프리카, 아시아 등 커피산지를 비롯한 커피 콘텐츠도 풍부해졌습니다. 바리스타라는 직업도 대중화되었습니다.

앞으로도 성장세는 지속될 전망입니다. 원두커피 소비량이 세계 6위이고, 1인당 연평균 353잔의 커피를 마십니다.[1] 커피의 보완재라 할 수 있는 티, 음료도 덩달아 덩치를 키우고 있습니다. 이런 배경엔 무엇보다 카페 수의 증가입니다. 한 조사에 따르면

---

1) 현대경제연구원, 〈커피 산업의 5가지 트렌드〉(2019).

2020년 현재 전국 카페 수는 8만 3천여 곳에 달합니다.[2] 어디서든 보이는 편의점 수가 5만 개인데, 이를 압도합니다. 동네 곳곳의 카페는 생활공간으로 자리 잡았습니다. 단순히 커피, 음료를 소비하는 곳을 넘어 문화적 취향을 향유하는, 쉼표 같은 공간입니다. 사실, '커피(coffee)'와 이를 마시는 공간인 '카페(cafe)'는 어원이 같습니다. 카페라는 공간에서 하나의 메뉴로 커피를 판매한 게 아니라 커피가 공간을 만들어낸 셈입니다.[3]

2012년 잡지사 후배 두 명과 카페에서 읽는 카페문화지를 표방한 〈카페人〉(www.cafein21.co.kr)을 창간한 것도 이런 배경이었습니다. 문화와 사유의 공간, 카페와 어우러지는 콘텐츠를 담고자 했습니다. 이를 계기로 커피업계 사업가들과의 만남도 다시 이어졌습니다.

이 책을 기획한 건 3년 전입니다. 매년 열리는 바리스타, 로스터 대회와 전시회가 여럿이고, 커피 콘텐츠도 풍성해졌지만 사업가들, 특히 중소기업 사업가의 이야기는 찾아보기 힘들었습니다. 커피문화를 전파하고 시장을 만든 사업가들의 여정을 기록해보자는 마음으로 대상자를 물색했습니다. 경제적인 성공 여부보다 커피산업 역사에서 궤적을 남긴 사업가 10명에게 이야

---

[2] 한국경제 뉴스래빗(newslabit.hankyung.com), "[팩트체크] 대한민국 커피점 90%, 7만5520곳이 '동네 카페'"(2020.07.13).
[3] 박영순, 《커피인문학》, 76~78쪽, 인물과사상사(2017).

기를 청했습니다. 인터뷰를 하고, 원고를 쓰면서 잊고 있던 기억이 툭, 떠오르기도 했습니다. 30~40대 나름 열정을 태웠던 순간들이었습니다.

《카페동네사람들》은 카페에 커피, 티, 음료, 장비 등을 채워주며 한국의 커피(카페) 문화 발전에 궤적을 남긴 사업가들의 이야기입니다. 그저 성공한 사업가의 이야기가 아니라 2000년~2020년 한국 커피산업 도약기 전후의 기록으로 남길 바랍니다.

▶커피(coffee) 인터넷 도메인의 주인공, 이세욱 대표(다이아몬드 엔터프라이즈) ▶이탈리아 '라바짜' 커피를 통해 에스프레소 문화를 전파한 송창윤 대표(전한에프앤씨) ▶커피머신 비즈니스 40년의 박정수 대표(두잉인터내쇼날) ▶30년 경력 카페창업 전문가, 차명원 대표(주노커피) ▶'달라코르테' 브랜드로 반자동 커피머신을 선도하고 있는 김 황 대표(메테오라) ▶바리스타를 정착시킨 교육전문가, 이승훈 대표(통합커피교육기관(UCEI) ▶국내에서 가장 오래된 커피머신(WMF) 기업의 이영성 대표(두리양행) ▶2000년대 시럽 붐을 일으킨 이태언 대표(이젠) ▶홍차를 비롯한 티 마스터, 김호기 대표(에스앤피인터내셔널) ▶커피 단일 온라인쇼핑몰(1킬로커피)로 유통혁신을 일군 이상호 대표(카페예) 등 10명의 비즈니스 스토리를 묶었습니다.

저마다 사업 내용은 다르지만 모두 (사)한국커피연합회 회원사입니다. 이 또한 커피 문화 발전을 위한 행보였습니다.

커피(카페) 사업은 편익만 제공하는 다른 사업과 차원이 다르다는 걸 느끼곤 합니다. 공간을 만들고 소통을 매개하며 사유의 계기를 마련해주기 때문입니다. '행복한 중독'의 메신저라는 자부심을 가질 만합니다.

'카페동네사람들'의 줄임말은 '카페人'이 되기도 합니다. 앞으로 기회가 마련되면 더 많은 카페인들의 이야기를 이어가고 싶습니다. 기록의 힘을 믿습니다.

2021년 10월

손인수

추천의 글

미래세대에 건네는 한국 커피 현대사

"주여, 나를 커피의 도구로 써 주소서."

《카페동네사람들》의 마지막 장을 덮는 순간, 프란체스코 성인의 기도문이 떠올랐다. 한국 커피의 토대를 다지고 꽃 피워낸 열 분의 사연은 마음을 숙연하게 만든다. 굽이굽이 고난을 이겨낸 숱한 사연 속에서 고행의 길을 자처한 수도자들의 모습이 비쳤다. 책 속의 주인공들은 커피를 도구로 삼아 성공을 이룬 인물에 그치지 않는다. 그것은 차라리 이들에게 부여된 소명이었다. 열 분의 전문가가 헤쳐온 길은 그 자체가 한국 커피의 현대사요, 미래세대를 위해 내어 줄 거인의 어깨가 아닐 수 없다.

《카페동네사람들》은 커피 비즈니스를 펼치고 있거나 꿈꾸고 있는 분들에게는 살아 있는 명상록이겠다. 주인공들이 IMF를 극복한 비결은 번뜩이는 재치나 순발력이 아니다. 위기가 닥쳤을 때 정직하고 성실하게 살아가면서 쌓은 두터운 신뢰만큼 믿음직한 게 없다. 다른 한편으로, 커피를 취미나 교양으로 즐기는 사람들에게 이 책은 흥미진진한 한국 커피의 연대기이다. 예컨대 한국 최고의 바리스타 챔피언을 가리는 대회가 어떻게 시작했으며, 어떤 사연 속에서 분화했는지 비밀스런 이야기가 이 책을 통해 드러난다.

이세욱 대표는 프렌치프레스를 발굴해 국내에 처음 선보인 인물이다. 이 일화는 타고난 선구자적인 그의 면모를 상징적으로 보여준다. 커피를 대표하는 'www.coffee.co.kr'를 만든 당사자이기도 하다. 이 도메인은 커피애호가들에게는 커피쇼핑몰 '일온스'로 잘 알려져 있다. 이 대표는 외환위기 소용돌이 속에서도 에스프레소가 대중화하는 기미를 포착했다. 과감하게 '카이저 휘핑크림기'를 수입해 에스프레소를 베이스로 한 메뉴 유행에 대비했다. 대박은 이렇게 위기 속에 터지는 법이다. "한 번 길을 낸 사람은 계속 새 길을 만든다"는 말이 실감나게 그는 OEM으로 자체 브랜드를 만들어 에스프레소 베리에이션의 한류 시대를 활짝 열었다.

이탈리아 커피원두로 '라바짜'의 이름값은 상당하다. 송창윤 대표가 이를 어렵게 한국으로 들여오는 일을 성사시켰는데, 하필 외환위기의 한복판이었다. 2차례에 걸쳐 수입한 4톤의 원두는 어찌 보면 그가 자초한 위기였다. 사활이 걸린 순간, 송 대표는 오히려 가찌아 머신까지 수입해 원두와 함께 공급하는 전략을 구사했다. 무역업을 하던 부친의 가르침이 결정적인 신념을 갖게 해주었는데, 비즈니스의 성공은 때론 이렇게 대를 이어 이루어진다. 오너는 고독하다. 격변하는 외부 환경에 대처하는 동시에 내부에서 커지는 위험도 경계해야 한다. 이른바 '오너 리스크'라는 개념은 커피 분야에서 무역업을 구상하는 사람이라면 귀담아 가슴에 새겨야 하는 산 교육이다.

박정수 대표는 1980년대부터 40년간 커피 장비 사업을 이끌어 온 산증인이다. 인스턴트커피가 대세를 이루던 시기에 원두커피의 가능성을 볼 수 있었던 것은 컨설턴트 역할을 하면서 해외 업체에 대한 정보를 꿰고 있던 덕분이다. 86년 아시안게임과 88 서울올림픽 같은 대규모 행사 뒤에 펼쳐질 소비 행태의 변화와 발전을 감잡을 수 있는 촉을 갖지 못하면 이룰 수 없던 일이다. 비즈니스의 고단한 길은 결과만이 성과가 아니다. 그 길이 가르쳐 주는 바에도 귀를 기울어야 한다. 박 대표는 에스프레소 머신을 공급하고 A/S를 하면서 커피교육시장의 수요를 간파했다. 한국커피연합회와 한국커피협회 창립멤버로서 그는 커피교육의 백년대계를 수립하고 실천한 주역이기도 하다. 무엇을 어떻게 해야 할지를 알기 위해 파랑새를 찾아 헤맬 필요가 없다. 답은 지금 당신이 가고 있는 길에 있다. 그런 믿음을 갖는 것이 성공의 첫걸음이다.

차명원 대표가 전남 광주에서 조성한 커피 로스팅과 카페 문화를 거꾸로 서울로 전해 유행시킨 사건은 커피애호가들에게는 전설처럼 회자된다. 성공의 키워드는 '커피에 대한 사랑, 그리고 연민'이다. 한 분야에서 일가를 이루기 위해선 무엇보다 그 비즈니스를 조건 없이 사랑해야 한다는 사실을 그의 삶은 웅변적으로 보여준다.

김 황 대표는 곧 '달라코르테'이다. 에스프레소 머신의 역사에서 모터에 의한 추출압력을 처음 개발한 밀라노 커피 명장의 이름을 딴 달라코르테는 2003년 5대가 김 대표에 의해 한국에 착륙한 이후 해마다 기록을 갈아치우고 있다.

여기에는 이승훈 대표와의 시너지가 결정적인 힘으로 작용했다. 한국 최고의 머신 전문가이자 바리스타 교육의 대부로서, 이 대표의 삶의 궤적은 곧 한국바리스타 교육의 역사이다. 엔지니어가 미래의 전문가를 양성하는 교육전문가로 변신하는 과정이 주는 교훈은 "지식인의 최고 가치는 대중을 일깨우는 선각자적 역할에 있다"는 사실이다. 전문가의 길을 걷고자 하는 독자라면, 반드시 책 속 주인공들의 삶으로 들어가봐야 한다. 그 한복판에 도도하게 흐르는 정신, '모두를 위한 인류애'를 만나야 한다.

이영성 대표는 '국내에서 가장 오래된 커피 머신 유통기업의 대표'라는 닉네임보다는 '첫 직장에서 30세 대표이사' 또는 '창업주에게 회사를 물려받은 회사원'이라는 표현이 그를 더 잘 대변한다. 상고를 졸업한 바로 다음날 19세 경리사원으로 일을 시작해 11년 만에 대표이사에 오른 그의 이력은 한 편의 드라마이다. 무엇이 그런 일을 가능하게 했는가를 각자의 시선에서 찾아보는 것이 이 책이 지닌 묘미 중 하나이다. 출판사에서 커피 머신 전문회사로 변신해 성공을 일궈가는 과정에서 '누구에게나 지금 이 순간이 최선을 다해야 하는 카이로스(kairos; 기회의 신)'라는 진실을 깨닫게 된다.

'카페음료 전성시대'에 불을 지핀 이태언 대표는 "전문가라면 자신이 아니라 소비자가 원하는 것을 맞춰 줄 수 있는 능력을 갖춰야 한다"는 진리를 몸소 실천한 인물이다. 원두커피 자체의 향미를 즐겨야 한다는 주장과 조언이 구호처럼 파다한 상황에서 그는 프랑스 '1883 시럽'과 '베드렌 시럽'을 수입해 소비자가 원하는 맛을 선사했다. 소비자가 원하는 다양한 향미의 베리에이션을 구가할 수 있도록 카페 인프라를 구축함으로써 우리의 카페 문화는 단기간에 선진국 수준으로 올라설 수 있었다.

36년째 홍차에 빠져 있는 김호기 대표는 이제부터 전성기를 맞고 있다고 할 수 있다. 차는 카페인이 커피에 비해 적기 때문에 중독성이 약하고, 따라서 소비시장은 지속적인 유행을 유지하지 못하고 주기를 타기 마련이다. 하지만 홍차와 허브티는 음료시장의 문화가 일정 수준에 달했을 때 비로소 펼쳐지는데, 커피애호가 사이에서 차를 즐기는 문화가 이제 시작되고 있다는 견해가 우세

하다. 작은 규모 탓으로 영국의 차 공급업체가 바뀌는 어려움 속에서도 그가 차 분야에서 독보적인 위상을 구축할 수 있는 것은 차보다는 사람과의 관계를 중시하는 인성 덕분이다. 비즈니스에 성공하고 싶다면 어떤 태도여야 하는지 그에게서 배울 수 있다.

커피의 본성에 가장 가깝게 다가간 인물이라면 단연 이상호 대표이다. 원두커피의 가치를 외친 사람들은 수없이 많았지만, 그것을 생활 속에서 가능하게 한 것은 이 대표이자, 1킬로커피이다. 대형 박람회장에서 관람객들을 끝을 볼 수 없을 정도로 길게 줄 서게 하는 인상적인 모습은 커피애호가라면 누구나 알고 있다. 소비자가 원하는 것을 준비하면 소비자는 기꺼이 불편을 감수하고 줄을 서 기다린다. 비싸고 좋은 것은 누구나 구할 수 있다. 그러나 저렴하면서도 좋은 품질을 선사하는 것은 전문가들만이 할 수 있다. 그 경지에 오르기 위해선 요행이 통하지 않는다.

커피를 마시는 사람들 입장에서도 사연이 있는 커피가 더 행복하다. 이 점에 공감하는 분들께 이 책을 추천한다. "세상은 이래서 살 만하다"는 구체적인 신념을 가질 수 있을 것이다.

박영순 | 커피비평가협회 회장, 〈커피데일리(www.coffeedaily.co.kr)〉 발행인

차례

책머리에 ··· 04
추천의 글 ··· 10

대한민국 '커피 도메인'의 주인공 ···················· 20
이세욱 | ㈜다이아몬드 엔터프라이즈(일온스) 대표

'에스프레소'라는 이름의 전차 ························· 50
송창윤 | 전한에프앤씨(주) 대표

커피머신 비즈니스 40년 ······························· 78
박정수 | ㈜두잉인터내쇼날 대표

'커피, 혼을 담아…카페, 긴 호흡으로 ················ 106
차명원 | ㈜주노커피 대표

'별똥별 인연'으로 세운 커피머신 기둥 ·············· 132
김 황 | ㈜메테오라 대표

바리스타의 씨앗과 뿌리 ································ 158
이승훈 | ㈜통합커피교육기관(UCEI) 대표

전자동 커피머신, 10만 대의 꿈 ······················ 184
이영성 | ㈜두리양행 대표

시럽, 카페음료 전성시대 마중물 ················· 210
    이태언 | 이젠(ezen) 대표

다다(茶茶)일상을 전하는 티 마스터 ············· 230
    김호기 | ㈜에스앤피인터내셔널 대표

합리주의를 이어 'K커피'로 ······················ 260
    이상호 | ㈜카페예(1킬로커피) 대표

[아카이브 카페]
한국 커피시장, 과거와 현재 ····················· 44
에스프레소 유래와 정의 ························· 74
1970~80년대 국내 커피시장 ····················· 102
커피머신의 역사 ································· 154
바리스타(커피관리) 국가직무능력표준 ··········· 180
바리스타 대회 변천사 ···························· 205
홍차의 세계 ······································· 254

01

대한민국 '커피 도메인'의 주인공
이세욱 | ㈜다이아몬드 엔터프라이즈(일온스) 대표

대한민국 '커피 도메인'의 주인공

커피쇼핑몰 '일온스(www.coffee.co.kr)'를 운영하는 ㈜다이아몬드 엔터프라이즈 이세욱 대표는 원두커피 불모지였던 1990년대 초 커피사업을 시작했다. 회사를 창립한 게 1991년 10월이니 2021년 올해로 만 30년이다. 처음부터 커피를 다룬 건 아니었다. 식품 관련 재료를 취급하다가 우연한 기회에 커피용기인 프렌치프레스를 수입했는데, 그야말로 대박을 터트렸다. 소매 원두커피 시장이 미미했던 터라 신기하기만 했다. 당시 붐을 일으켰던 원두커피전문점의 영향 때문이었다. 프렌치프레스에 커피를 담아 제공하는 곳이 많았다. 커피가 우러나는 모습을 볼 수 있으니 신기하기도 했을 것이다.

이세욱 대표와의 첫 만남은 1995년쯤이었다. 당시 제빵전문지 기자로 있던 나는 베이커리 관련 재료를 취급하고 있던 그의 사무실을 찾았다. 무슨 말을 나눴는지 기억나지 않지만 무척 젊었다는 인상이 남아 있다. 그가 입고 있던 청바지가 유독 길게 보였다는 것도.

그는 아버지께서 갑자기 돌아가셔 대기업에서 근무하다 퇴사하고 선친의 무역사업체를 이었다. 첫 만남은 길지 않았고, 받았던 명함은 명함첩 어딘가에 묻혔다. 회사이름(보석상 같은 느낌이랄까)이 좀 특이하다 싶었지만 금방 잊혀졌다.

   그의 이름을 다시 본 건 2001년쯤이었다. 커피전문지 창간을 준비하며 홈페이지 도메인을 등록하려고 검색을 해봤다. 누군가 이미 등록해놓았을 거라 생각했지만 혹시나 하는 마음이었다. 커피가 들어간 웬만한 이름들은 이미 주인이 있었다. 등록정보를 살펴보다 그의 이름이 눈에 밟혔다. 명함첩을 뒤져 오래 전에 받은 그의 명함을 찾았다.

   우리는 몇 년 만에 다시 만났다. 테이블 위에는 원두커피가 모락모락 향기를 풍겼다. 사무실 한쪽 진열장에는 갖가지 샘플이 놓여있었고, 벽에 걸린 포스터의 커피 잔에서도 김이 피어났.

   이후 그는 커피 콘텐츠와 관련해 여러 가지 조언과 격려를 해주었다. 그러나 나는 2003년 5월 잡지 일을 그만두었고, 우리의 만남은 또 끊겼다. 간혹 들려오는 소식은 그가 커피 관련 업체들의 협회를 만드는 데 힘쓰고 있다는 거였다.

   10년 가깝게 시간이 흘렀다. 2012년 3월, 나는 잡지사 시절의 후배들과 카페문화지 〈카페人〉을 창간했다. 이를 계기로 끊겼던 인연들이 다시 이어졌고, 그도 포함되었다. 오랜만에 그 도메인으로 홈페이지를 접속해보았다. 커피쇼핑몰이었다.

1997년 도메인 등록, 2002년 커피종합쇼핑몰 시작

커피업계가 부러워하는 한국 인터넷 커피 도메인(coffee.co.kr)을 소유하고 계신데요. 언제, 어떤 계기로 이 도메인을 등록했나요.

1997년 7월에 등록했습니다. 그해 말 외환위기가 발생했지요. 당시 사무실이 있던 건물 1층에 카페를 운영하고 있었는데, 단골이었던 한 외국인과 친해졌어요. 캐나다에서 왔고, 이름은 '코리'라고 했습니다. 어느 날 카페에 앉아있는데 인터넷을 아느냐고 물으며 앞으로 인터넷이 일으킬 변화에 대해 이야기를 하더군요. 당시만 해도 인터넷 초창기라 웬만한 도메인 주소는 등록할 수 있었습니다. 'coffee.co.kr'을 검색해보니 주인이 없더군요. 7월 30일 등록했어요.

회사 인터넷 도메인 주소를 커피로 했으면 커피사업을 하고 있었겠네요. 1995년 저와 처음 만났을 때 이후의 일인가 봅니다.

1996년부터 캐나다 캔터베리커피와 계약을 맺고 OEM으로 '골드마운틴 커피'를 수입했습니다. 국내 원두커피 시장이 채 형성되기 전에 시작한 일입니다. 계기는 사업초기에 취급했던 프렌치프레스 덕분이었습니다. 의외로 원두커피 추출 기구가 잘 팔렸어요. 극소수 원두커피 애호가들 사이에서 인기 아이템이었습니다. 그러나 대형 주방용품업체들이 이 시장에 진입하면서 오래 가지는 못했습니다. 대신 프렌치프레스 수요가 있다는 건 원두커피 수요도 있다는 걸 확인할 수 있었습니다. 이참에 원두커피를 시작해보자 했습니다. 이때부터 회사의 정체성이 커피색으로 물들기 시작했다고나 할까요.

그럼 커피 도메인을 등록하자마자 온라인 쇼핑몰을 시작한 건가요?

그렇지는 않아요. 커피 도메인으로 만든 홈페이지는 몇 년간 취급 아이템을 알리는 용도로 사용했어요. 그러다 2002년 커피전문점 프랜차이즈였던 '쿠벅커피'를 인수하고 가맹점에서 커피를 비롯해 각종 물품을 구입할 수 있도록 아이템을 보강하고 온라인 결제 시스템을 갖췄습니다.

프랜차이즈 사업을 할 생각은 없었어요. 쿠벅커피에 대한 채권이 상당했고, 이를 충당하기 위해 본사와 운영권을 넘겨받았습니다. 가맹점에 원부재료, 비품 등을 공급하기 위해서는 여러 품목을 갖춰놓아야 했어요. 이참에 본격적으로 쇼핑몰을 해보자고 마음먹었습니다. '대한민국 커피의 기준'을 표방하며 '일온스'라는 브랜드로 온라인 커피 종합쇼핑몰을 시작했습니다. 일온스는 에스프레소 커피 한 잔의 무게(1oz=28.3g)를 뜻합니다.

어쨌든 국내 최초로 온라인 커피종합쇼핑몰을 만드신 거라 할 수 있네요. 1인 창업 아이템으로 흔히들 온라인 쇼핑몰을 떠올리긴 하지만 운영하는 게 만만치 않은 걸로 알고 있습니다. 지금이야 결제시스템도 발달하고 임대쇼핑몰도 효과적으로 이용할 수 있지만 당시엔 하나부터 열까지 직접 해야 하지 않았나요.

커피 도메인 등록 후 몇 년 동안 결제기능만 없었을 뿐이지 쇼핑몰 운영과 관련된 프로세스를 충분히 테스트했기 때문에 쇼핑몰 운영은 순조로웠습니다. 커피종합쇼핑몰이 전무했던 상황이라 특별한 홍보 없이도 인지도도 빠르게 확산되었어요. 무엇보다 도메인 이름이 커피(coffee)였으니….

이 과정에서 효자상품 역할을 톡톡히 한 게 '카이저 휘핑크림기'였습니다. 1997년 11월 IMF 외환위기 이후 급격한 환율인상으로 수입업체인 저희도 큰 위기를 겪었습

> "당시만 해도 인터넷 초창기라 웬만한 도메인 주소는 등록할 수 있었습니다. 'coffee.co.kr'을 검색해보니 주인이 없더군요. 7월 30일 등록했어요.

니다. 힘겨운 나날들이 이어졌습니다. 그러다 1999년 오스트리아에서 카이저 휘핑크림기를 수입했습니다. 여기서 외환위기의 격랑 속에서도 싹을 틔우는 시장이 있다는 걸 확인했습니다. 원두커피 시장이 그랬죠. 에스프레소를 베이스로 한 커피메뉴가 인기를 끌었고, 이를 효과적으로 만들 수 있는 휘핑크림기 수요가 늘었습니다. 특히 스테인리스 재질로 위생적인 면이 차별화되어 큰 인기를 얻었어요. 덕분에 외환위기 시절을 넘길 수 있었고, 초기 온라인쇼핑몰도 안착시킬 수 있었습니다.

이탈리아 '지카페'와 20년 파트너

쇼핑몰을 본격화할 즈음 이탈리아 에스프레소 커피 브랜드 '지카페(Zicaffè)'를 독점, 수입하기 시작했지요? 돌이켜보면 당시 외국 커피 브랜드가 속속 국내 시장에 소개된 시점인 듯합니다.

지카페는 1929년 이탈리아 남부 시칠리에서 설립되었고 세계 80여 개국에 수출되고 있습니다. 저희와는 2002년 인연을 맺은 후 지금까지 관계를 이어오고 있지요. 지카페를 수입한 건 당시 국내에 에스프레소 커피 시장이 활성화된 시점과 맞물립니다. 원두커피가 드립커피에서 에스프레소 커피로 전환되고 있었거든요.

    에스프레소 커피는 국내 원두커피 시장을 한 단계 끌어올린 주인공이라 할 만합니다. 1990년대 말까지 에스프레소 커피는 국내 소비자들에겐 생소한 단어였어요. 1999년 7월 스타벅스 한국 1호점이 국내에 문을 연 게 에스프레소 커피가 대중화된 계기였다고 봅니다. 이후 이태리, 미국 등에서 다양한 에스프레소 커피가 국내에 들어왔습니다.

다이아몬드 엔터프라이즈는 온라인 유통에 집중하기 위해 2004년 사무실을 고양시 화정에서 물류창고가 있던 파주로 옮깁니다. 오래 해오던 유통방식을 전환하는 게 말처럼 쉽지 않은 선택이었을 텐데요.

    2000년대 중반 이후 국내 원두커피 시장이 크게 성장하면서 온라인 커피쇼핑몰도 잇따라 생겨났습니다. 일온스 초기 운영멤버들이 회사를 나와 쇼핑몰을 차리기도 했습니다. 경쟁은 갈수록 치열해졌고 수익성은 떨어졌죠. 자금, 구색, 인지도가 없으면 살아남기 힘든 상황이었어요. 커피 도메인을 선점하고 커피쇼핑몰 시대를 이끌어온 저희라고 예외가 아니었습니다.

온라인 유통이 기존 오프라인 대리점 유통보다 매출 상승 속도가 느리겠지만 장기적으로 수익성 면에서 유리하다고 보았습니다. 온라인으로 바로 대금이 결제되고 재고 부담도 덜 수 있으니까요.

2006년부터 OEM으로 자체 생산품목을 갖추기 시작한 것도 이런 배경 때문이겠지요? 수익성은 좋겠지만 반면 재고를 안고 가야하는 부담이 컸을 텐데요.

OEM 제품 개발은 수익성 개선 때문이라기보다는 한 거래처와의 관계 때문이었습니다. 대금지급을 계속 미루고 그쪽에서 판매하는 제품을 현물로 상쇄하기 일쑤였습니다. 그런데 현물의 가격이 소매가로 책정돼 있었습니다. 소매가로 현물을 받아 도매가로 판매하는 구조여서 손해였지요. 이참에 우리가 만들어보자 해서 2006년 지(Zi)그린티 파우더를 출시했습니다. 현재 지 파우더 시리즈로 5종의 제품이 판매되고 있습니다. 재고 부담 없이 비교적 잘 나가고 있어요.

OEM 제품 브랜드명이 지(Zi) 파우더인데, 이탈리아 에스프레소 커피 브랜드 '지카페(Zicaffè)'와 관계가 있는 건가요?

지 파우더는 저희의 독자 상표입니다. 2002년 이탈리아 지카페 커피를 수입할 무렵 국내에 별도로 상표등록을 해놓았습니다. 이에 대해 지카페 본사에서 문제를 제기하기도 했지요. 내가 발 빠르게 등록을 해놨기 때문에 대기업이 이 이름으로 상표등록을 못했고, 만약 지카페를 대기업이 먼저 등록했다면 당신들 커피는 한국에 못 들어왔을 거라고 말했지요. 실제 그랬을 겁니다.

문제 제기는 있었지만 저희와 지카페는 20년 가까운 오랜 파트너입니다. 계약서가 있지만 매우 심플합니다. 수량 조건 없이 5년마다 자동갱신이어서 특별한 일이 없으면 평생 이어질 겁니다. 독점권에 목을 매는 경우가 일반적이지만 별다른 계약 없이 관계를 맺은 곳이 계약서를 쓴 곳보다 더 오래 갑니다. 결국 일은 계약서가 아니라 사람이 하는 거니까요.

머천다이징, '반 발짝 앞서가기'의 어려움

쇼핑몰 운영의 핵심은 상품을 개발하고 가격 및 판매계획을 수립하는 머천다이징(merchandising; 이하 MD)이라 할 수 있습니다. MD는 어떻게 하고 있나요?

일온스에서 취급하는 제품 수는 2천5백여 가지에 이릅니다. 정비를 한다고 했는데 이 정도예요. MD는 회사의 명운을 좌우할 만큼 중요한 일입니다. 저희는 별도의 MD조직을 두지 않고 마케팅 직원들이 분야별로 나눠 상품을 개발합니다. 나름 신중을 기한다고 하지만 실패했던 적도 몇 번 있어요.

2006년 개발한 지 파우더와 달리 예전에는 기물류를 자체 제조한 적이 있는데, 그라인더도 그 중 하나였습니다. 차별화를 위해 작은 아날로그시계를 부착한 게 화근이었어요. 그라인더 자체는 문제가 없었는데 시계가 고장 났다며 반품을 요구하는 경우가 잦았던 겁니다. 확인해 보면 건전지를 교체하지 않은 경우가 대부분이었고…. 과유불급이었죠. '오버스펙(over spec)', 즉 지나친 사양은 불필요한 문제를 일으킨다는 것을 절감했습니다.

이후 '오버하지 않고 반 발짝만 앞서 가자'는 것을 상품개발의 중요한 원칙으로 삼았습니다. 또한 기물류 대신 식품류에 집중하기로 마음먹었습니다. 기물은 편의성과 사양을 조화롭게 구성하기 힘들지만, 식품은 맛을 기준으로 삼으면 되니 비교적 상품개발이 수월했어요.

그렇지만 식품류에서도 실패 사례가 있어요. 더치커피(콜드브루) 붐이 본격화되기 전인 2014년 '18도씨'라는 이름으로 더치커피를 개발했습니다. 전시회에 맞춰 신제품을 선보였고, 반응이 좋아 많이 팔렸습니다. 그런데 이 제품은 기본적으로 소매용이었어요. 전시회 참관객들은 일반 카페운영자와 소비자가 뒤섞여 있었고, 호기심과 전시회 특별할인가에 지갑을 열었던 겁니다. 일반 카페 대상의 B2B용으로는 가격이 높았고, 소매유통을 추진해봤지만 납품조건이 맞지 않았습니다. 손해를 보며 유통시킬수는 없어 정리할 수밖에 없었습니다. 그렇지만 안 팔리는 상품은 없다고 봅니다. 포기하는 물건이 있을 뿐이지요. 얼마 후에 대기업에서 더치커피를 출시해 바람을 일으키더군요. 자본력이 탄탄하니 대량 물량으로 단가를 맞췄겠지요.

그런데 2016년 다시 기물류를 개발했습니다. 질소커피를 민돌 수 있는 '니트로 브루 서버'인데요.

　　더치커피를 포기했지만 머릿속에 계속 맴돌았습니다. 더치커피 시장은 활성화되었고 규모도 갈수록 커지고 있었죠. 그때 눈에 들어온 게 미국, 유럽에서 성장하고 있던 질소커피였습니다. 더치커피에 질소가스를 주입해 미세한 거품을 일으킨 커피입니다.

일온스의 오랜 효자상품인 카이저 휘핑기의 구조와 원리를 잘 알고 있던 터라 이를 응용해서 저렴하고 편리한 질소커피 기기를 만들 수 있으리라 생각했습니다. 아산화질소 캡슐을 장착해 질소가스를 분출하는 방식입니다. 1990년대 후반 그라인더 실패 이후 16년 만에 기물류를 개발한 것이죠. '니트로 브루 서버'라는 이름으로 2016년 4월 런칭해 판매하고 있습니다. 하지만 국내법이 바뀌면서 아산화질소 캡슐 사용이 금지되어 용도를 변경해야 할 것 같습니다.

상품을 기획하고 개발을 결정하는 건 늘 어려운 일입니다. 열린 마음으로 카페시장을 바라보려고 노력합니다. 스스로를 객관화하지 않으면 잘못된 결정으로 이어집니다. 몇 번의 실패가 그것을 알려줬지요. 반 발짝 앞서가기, 참 힘들어요.

'지카페 페스티벌'의 추억

단순히 커피만 판매하는 것에서 벗어나 커피의 문화적 속성에 주목하신 듯합니다. 2005년~2007년 '지카페(Zicaffe) 페스티벌'을 열고, 2007년 웹진 <바리스타>를 제작한 것도 이 때문이 아닐까요.

우리나라 원두커피 시장이 기지개를 켜면서 바리스타라는 직업군이 조명을 받기 시작했습니다. 이에 바리스타를 위한 정보 및 커뮤니티 공간으로서 〈바리스타〉라는 웹진을 운영했습니다. 오래 지속되진 못했지만 뜻 깊은 기억으로 남아있어요.

또 하나, 지카페 페스티벌인데요. 이건 좀 후회가 남습니다. 계속 했으면 대표적인 커피문화 이벤트로 자리 잡았을 텐데…. 2005년 1회 행사는 서울 타워호텔에서 치렀습니다. 일온스 쇼핑몰에 제품을 공급하는 거래처들을 초청해 자사 제품을 홍보할 수 있도록 했지요. 문화공연도 열렸고, 행사 소식을 듣고 커피애호가들이 많이 찾았습니다. 말 그대로 커피를 매개로 한 '축제'였지요.

2007년 3회 행사는 더욱 이채로웠고 큰 호응을 얻었다는데….

좀 더 많은 사람들과 함께 하기 위해 장소를 고양시 복합문화예술센터 '아람누리'로 옮겼습니다. 문화공연뿐 아니라 라테아트 경연대회를 열었는데, 참관객들은 커피 잔 위에 펼쳐지는 아름다운 우유 그림에 환호했어요. 대회 형식도 딱딱하지 않게 재미있게 구성했습니다. 코스프레(cospre)를 접목해 참가자들이 특색 있는 복장을 하고 나와 장기자랑을 하면서 라테아트 경연을 했어요. 이소룡 특유의 노란 트레이닝복을 입는 사람, 천사 복장을 한 사람, 오토바이를 타고 등장한 사람, 마술을 하며 라테아트를 했던 사람까지….

심사기준도 기존과 다르게 했어요. 복잡한 문양이나 기술적 완성도보다 얼마나 예쁘게 라테아트를 했느냐를 평가했죠. 이를 위해 업계 종사자가 아닌 미대 교수들을 심사위원으로 초빙했습니다. 재미있는 볼거리를 통해 많은 사람들에게 커피문화를 전하고 싶었습니다.

이렇게 반응이 좋았던 행사를 왜 중단한 건가요?

2006년 2대 한국커피연합회(이하 연합회) 회장을 맡았는데, 커피문화 대중화를 위한 행사이긴 했지만 연합회 회원사이기도 한 거래처에게 부담을 주는 듯해 마음에 걸렸어요. 취지가 좋다 해도 결국 자사를 위한 행사에 회원사들을 동원하는 모양새이기도 하고요. 그래서 중단했습니다. 너무 조심스러웠나요?

한국커피연합회 초석…"이타적인 회원들, 탈권위 문화"

여기서 연합회 이야기를 해보죠. 어떻게 결성된 건가요?

2003년쯤인데, 당시 구띠에커피 박명진 대표가 처음 제안한 걸로 기억합니다. 커피업체들이 참여해 1회 KBC(Korea Barista Championship) 대회를 열기로 했고, 준비모임에서 박 대표가 정관 초안을 보여주며 이참에 협회를 만들자고 했어요. 국내 원두커피 시장이 기지개를 켜기 시작했지만 우리 같은 작은 기업들이 힘을 모으지 않으면 결국 대기업이 시장을 주도할 거라는 공감대가 있었어요. 이를 계기로 저를 비롯해 이종규, 박명진, 송창윤, 정진범, 박정수, 지광옥, 차명원 대표 등이 발기인이 되어 협회 설립을 준비했습니다. 그로부터 2년 정도 지나 2005년 6월 3일 서울 타워호텔에서 한국커피연합회가 발족합니다. 초대 회장에는 이종규 대표님(기정인터내셔널)이 선출되었습니다.

연합회는 매주 1회 서교동 가든호텔에서 조찬 운영회의를 진행했어요. 연합회 이름으로 제3회 KBC 대회도 잘 치렀지요. 그런데 그해 말, 이종규 회장님이 할 이야기가 있다면서 저를 부르는 겁니다. 몸이 너무 안 좋다며 연합회 회장을 맡아달라고 하시더군요. 그냥 하시는 말씀이겠지 하며 넘겼는데, 2006년 8월 안타깝게 별세하셨어요. 갑작스럽게 제가 2대 회장을 맡게 되었습니다.

이후 2010년까지 회장직(2대~6대)을 수행하셨는데, 회사를 운영하기에도 빠듯한 상황에서 애를 많이 쓰셨네요. 연합회 설립의 계기였던 KBC도 이름이 바뀌는 우여곡절도 있었고….

지금이야 연합회가 사무실과 상근자를 두고 전시회, 바리스타 경연대회 등 다양한 행사를 진행하고 있지만 당시에는 상근자도 없이 신규회원을 늘리는데 집중할 수밖에 없었어요. 그렇지만 '문화를 만들고, 사람을 키운다'는 연합회 슬로건에서 보듯 기업 입장에서는 연합회 회원이 된다는 게 당장의 이익이 발생하는 게 아니어서 회원 수 증가는 더뎠습니다. 지속가능성에 대한 부정적인 인식도 많았고요. 더욱이 회비도 잘 걷히지 않아 일일이 찾아가 회비를 받아오기 일쑤였습니다. 이렇다 보니 회장을 하겠다는 사람도 없어 당시 임기 1년의 회장직을 5회나 연임했습니다.

KBC는 당초 한 잡지사의 제안으로 시작한 대회였고,

연합회 주최로 2007년 5회 대회까지 치렀습니다. 그런데 그 잡지사가 KBC 주최권을 가져가겠다고 했습니다. 특별한 계약이 있었던 것도 아니고 개별 기업의 이익보다 커피산업의 저변을 넓히자는 취지로 진행한 사업인데, 안타깝더군요. 그래서 2008년부터 2011년까지 KCA바리스타클래식(KCABC)라는 타이틀로 4차례 대회를 열었습니다. 대회명은 어느 날 TV로 골프대회를 보다가 '클래식'이라는 단어에서 힌트를 얻었습니다. 한국커피연합회(KCA)가 주최하는 바리스타 클래식 대회라는 뜻의 'KCABC'로 명명했습니다. 이후 이 대회는 2011년 규모가 확대돼 월드바리스타챔피언십(WSBC)로 다시 한 번 이름이 바뀝니다.

연합회는 줄곧 직선으로 회장을 선출하는 전통을 이어오고 있습니다. 그만큼 회원들의 참여도가 높고 소통이 활발하고 역동적이라는 느낌이 듭니다. 특히 인상 깊었던 건 회장직을 마치고도 부회장으로도 활동하셨어요.

2012년 직선 투표를 통해 8대 회장으로 김 황 대표가 선출됩니다. 40대 초반의 젊은 리더십이었죠. 신임 집행부의 요청도 있었고, 젊은 집행부에 힘을 실어주기 위해 부회장 역할을 했습니다. 연합회가 회원사들의 이타적인 헌신을 바탕으로 탈권위의 문화를 만들어왔기에 자연스러운 결정이었습니다. 2017년 10대 이종상 회장 때도 또 한 번 부회장직을 맡았어요. 2019년 3월 정기총회를 끝으로 연합회 직책에서 해방됩니다. 따져보니 거의 15년 동안 연합회 일을 한 셈이네요.

'자영카페의 친구'로 남겠다는 다짐

1991년 창립한 다이아몬드 엔터프라이즈(일온스)는 2021년, 30년 주년을 맞았습니다. 30이라는 숫자의 무게감이 남다를 듯합니다. 앞으로의 계획이 궁금합니다.

이제 카페는 우리 생활 속 깊숙이 뿌리내렸습니다. 그런데 오르기만 하는 임대료, 인건비 부담과 더불어 대형 프랜차이즈 카페와 경쟁하고 있는 동네 자영카페들로서는 갈수록 상황이 힘겨워지고 있습니다. 일온스를 둘러싼 환경도 녹록치 않아요. 카페 식자재 온라인 쇼핑몰 시장에 대기업이 속속 진출하며 가격경쟁이 날로 치열해지고 있기 때문입니다.

이런 상황에서 자영카페와 일온스의 상생 키워드를 고

> "자영카페와 일온스의 상생 키워드를 고민해왔고, '자영카페의 친구'를 일온스의 방향으로 설정했습니다. 이에 그동안 쌓은 머천다이징 노하우를 바탕으로 '작은 카페로 살아남을 수 있는 구조'를 연구하고 있습니다.

민해왔고, '자영카페의 친구'를 일온스의 방향으로 설정했습니다. 이에 그동안 쌓은 머천다이징 노하우를 바탕으로 '작은 카페로 살아남을 수 있는 구조'를 연구하고 있습니다.

구체적으로 브랜드를 공동으로 사용하는 프랜차이즈 방식을 염두에 두고 있어요. 공동 브랜드를 통해 인지도를 높이고, 확보된 구매력으로 재료 매입가를 낮춰 수익성을 높이는 겁니다. 저도 한때는 경쟁에서 도태되는 건 개인의 경쟁력이 떨어지기 때문이라고 생각했습니다. 그러나 개인의 능력으로 극복하기엔 구조적인 한계가 분명히 존재한다는 걸 알게 되었어요. 백지장도 맞들면 낫듯이 작은 곳일수록 힘을 모아야 한다는 것도….

혁신, 블루오션은 갑자기 하늘에서 뚝 떨어지는 건 아닙니다. 익숙했던 것들에서 똬리를 틀고 있다고 봅니다. 너무 익숙해서 안보였던 것, 무심코 지나쳤던 것에서 새로운 길이 열립니다. 자영카페의 친구, 일온스가 가려는 길입니다. 2021년 오픈해 시험운영하고 있는 무인카페 '카페 일온스'도 이런 맥락이라 할 수 있겠지요.

[after **interview**]

코로나19 여파로 모든 게 움츠러들었던 2020년 봄, 이세욱 대표는 신제품 출시를 앞두고 있었다. 2019년부터 기획한 '일온스 드립백커피'였다. 일반 커피애호가를 대상으로 한 B2C 상품이라고 했다. 언택트(untact) 시대, 온라인 쇼핑몰과 배달시장이 활기를 띠고 있는 요즘 상황과 잘 맞아 보였다. 어찌 되었건 커피는 마실 테니. '당신이 있는 곳이 카페가 된다'는 슬로건도 '집콕족'과 잘 어울린다.

30년 동안 사업을 꾸려온 원동력은 생업 말고도 품고 가꿔온 또 다른 가치 때문이다. "세상에서 제일 좋은 커피도, 제일 나쁜 커피도 없다, 단지 다를 뿐"이라는 말에서 드러내지 않고 스며들며 열정의 결실을 소비자와 나누려는 마음이 읽힌다.

그의 책상은 각종 서류와 샘플들로 빼곡하다. 진행 중인 것, 진행할 것, 진행한 것들의 이력이다. 결국 혁신은 이런 무수한 이력이 버무려진 결과물이 아닐까.

㈜다이아몬드 엔터프라이즈(일온스) 주요 연혁
www.coffee.co.kr

1991.10.01	회사 창립
1997	온라인 쇼핑몰 '일온스(www.coffee.co.kr)' 시작
1999	카이저 휘핑기 국내 독점 판매 시작
	골드마운틴 카 머그(Car Mug) 국내 최초 생산 (실용신안특허)
2002	이탈리아 커피 브랜드 '지카페'와 국내 독점 계약
2004	파주 동패리 물류창고로 확장, 이전
	커피전문점 쿠벅(Coobuck) 상표권 인수
2005	제1회 지카페 페스티벌 개최(~2008년 4회까지)
2008	경기지방중소기업청 경영혁신형 중소기업 선정(~현재)
2016	니트로 브루서버(질소커피 추출기) 개발
2017	경기도 광주시 도척면 물류센터와 본사 통합

한국 커피시장, 과거와 현재

국내 커피시장 규모는 어느 정도이고, 얼마나 성장했을까. 이런 궁금증에 화답하듯 때때로 공공기관, 민간연구소에서 보고서를 발표하고 있다. 그런데 어떤 보고서에서는 2017년에 이미 10조원을 넘었다고 하고, 다른 보고서에서는 2018년 커피시장 규모가 약 7조원이라고 한다. 통계의 한계를 감안하더라도 격차가 크다. 국내 커피산업이 지난 20년 사이 괄목할 성장을 한 건 사실이지만 문제는 이런 숫자로 인한 착시현상이다. 폐업률을 상회하는 카페 창업 붐은 이와 무관하지 않다.

커피공화국의 면모를 생활 곳곳에서 체감한다. 커피 하면 으레 원두커피를 떠올리고, 마트마다 형형색색 커피음료가 가득하다. '슬세권 카페'라는 말처럼 동네 곳곳에서 아기자기한 카페를 만날 수 있다.

중요한 건 숫자보다 변화의 맥락이다. 때때로 발표되는 국내 커피산업 관련 통계는 대체로 2010년을 기준점으로 삼는다. 커피산업이 본격적으로 몸집을 불리기 시작한 시점은 2000년대 중반이지만 통계의 수고를 마다하지 않을 때까지는 좀 더 시간이 필요했다. 원두커피 시장의 싹을 틔웠던 2000년 초와 현재를 비교해보고 싶었다. 비교 기간의 간격을 늘릴수록 변화의 맥락이 더욱 선명해지기 때문이다.

필자가 20년 전 〈월간 커피〉에 게재한 '한국 커피시장 규모 베일을 벗다'라는 기사를 과거 기준(2001년) 통계자료로 활용했다. HS코드(국제통일상품분류체계)를 검색해 생두, 원두수입량을 산출했고, 업체의 도입 물량, 공급가격대 등을 조사해 시장규모를 추산했다. 무모하기도 하고 힘든 과정이었지만 처음으로 국내 커피시장 규모를 알아보기 위한 시도였다.

현재의 커피산업 통계자료로는 한국농수산식품유통공사의 '2019 가공식품 세분시장 현황_커피류 시장'(2018년 기준)', 현대경제연구원의 '커피산업의 5가지 트렌드 변화와 전망'을 이용했다.

9:1에서 8:2로 원두커피 339% 약진

- 생두수입량   * 단위: 톤

2001년[4]	74,487	
2018년[5]	145,051	95% 증가

- 커피 생산규모   * 공급가(출하량) 기준. 단위: 억원

구분	인스턴트커피	원두커피	합계
2001년	9,108	1,245	10,353
	88%	12%	100%
2018년	20,296	5,463	25,759
	78.8%	21.2%	100%
증가율	129%	339%	149%

※ 인스턴트커피는 조제커피(커피믹스), 액상커피(RTD)도 포함

- 원두수입량   * 단위: 톤

2001년	682	
2018년	13,333	1,855% 증가

생두수입량은 2001년보다 2018년 95% 증가했다. 생산규모도 2001년 1조353억 원에서 2018년 2조5,759억 원으로 149% 성장했다. 전체에서 인스턴트커피와 원두커피가 차지하는 비중이 과거 약 9:1에서 8:2로 변화되었다. 원두커피가 크게 약진해 2001년보다 339%나 늘었다. 원두커피 소비가 증가한 결과다.

인스턴트커피도 129% 신장했는데, 이를 이끈 건 액상커피와 조제커피(일명 믹스커피)였다. 액상커피는 37.9%, 조제커피는 33%의 비중을 차지한다. 가루형 인스턴트커피는 7.9%이다. 반면 2001년에는 가루형 인스턴트커피 40%, 조제커피 40%, 액상커피 20%였다. 편의점마다 다양한 액상커피가 즐비한 배경이다.

---

[4] 〈월간 커피〉, "처음으로 들여다본 한국 커피시장", 2003년 1월호, 53~57쪽. (이하 2001년 자료 동일)
[5] 한국농수산식품유통공사, 〈2019 가공식품 세분시장 현황_커피류 시장〉(2019). (이하 2018년 자료 동일)

아카이브 카페

원두커피 소비 증가는 원두수입량에서도 확인할 수 있다. 과거에는 수입 원두커피는 전체 커피수입량(생두+원두; 75,169톤))에서 1%에 불과(682톤)했지만 2018년에는 전체 158,384톤 중 8.5%(13,333톤)로 커졌다. 2010년대 액상커피, 홈카페 시장의 성장과 궤를 같이 한다.

커피 시장규모 6.8조 원, 커피전문점이 주도

• 커피 시장 규모[6] *소매 매출 기준

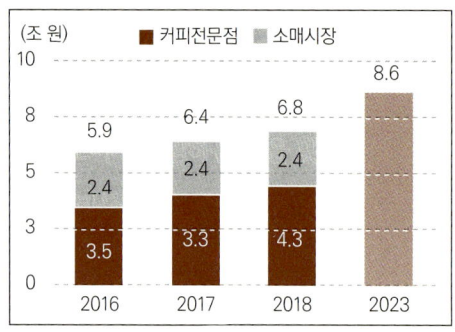

• 주요 프랜차이즈 커피전문점 매출 규모[7] * 단위: 억원

브랜드	매출액	점포수
스타벅스	15,223	1,320
엔제리너스	8,310	642
투썸플레이스	2,687	1,067
이디야커피	2,004	2,408
빽다방	1,776	577
커피빈	1,666	291
할리스커피	1,549	537
커피베이	231	539
요거프레소	218	705
커피에반하다	140	589
합계	33,804	8,675

---

6) 현대경제연구원, 〈커피 산업의 5가지 트렌드 변화와 전망〉(2019).
7) 한국농수산식품유통공사, 70쪽.

그렇다면 소매 매출 기준으로 국내 커피시장 규모는 어떨까. 현대경제연구원 발표 자료에 따르면 커피시장은 마트, 편의점 등 소매시장과 커피전문점(카페)로 구분된다. 2018년 기준으로 전체 커피시장은 6.8조 원이다. 이중 커피전문점이 4.3조 원에 달하며 커피시장을 주도하고 있다. 원두커피가 극히 미미했던 과거에는 인스턴트커피 빅3(동서식품, 네슬레, 대상) 기업이 커피시장을 이끌었다.

커피전문점 중 10대 프랜차이즈 업체의 매출이 압도적이다. 매출이 3조 3,804억 원으로 4.3조 원 중 88.5%를 차지한다. 나머지는 중소브랜드 및 개인카페의 몫이다.

점포수로 따져보면 차이가 더욱 선명해진다. 시점의 차이가 있지만 2020년 전국 카페수는 8만3,692곳이고, 이중 중소브랜드 및 개인카페수는 7만5,520곳으로 전체의 90%에 달한다.[8] 점포수와 매출액이 반비례한 모습이다. 폐업과 창업의 부침이 심한 자영카페의 현실을 확인하게 된다.

국가별 생두수입량에도 변화가 뚜렷하다. 20년 가까운 기간 동안 국내 커피시장이 원두커피, 스페셜티커피로 재편된 것을 확인할 수 있다. 2001년에는 전체 수입량 7만4,487톤 중 베트남이 2만7,765톤(전체의 37.7%)으로 가장 높았고 태국 8,628톤(11.7%), 브라질 7,562톤(10.2%), 온두라스 7,432톤(10.1%), 콜롬비아 6,746톤(9.1%), 인도네시아 6,040톤(8.2%) 등의 순이었다. 과거 베트남 생두가 1위를 차지한 배경에는 베트남이 로부스타 커피 주요수출국이었고, 당시 국내 커피시장은 인스턴트커피가 주도했기 때문이다. 2018년에는 전체 수입량 14만5,051톤(카페인 제거 안한 것, 한 것 합계) 중 브라질이 3만395톤(21.1%)으로 1위에 올랐다. 과거 1위였던 베트남은 3만75톤(20.7%)으로 2위였다. 이어 콜롬비아 2만 2,768톤(15.7%), 에티오피아 1만857톤(7.5%), 페루 8,694(6.0%)톤 순이다.[9]

---

8) 한국경제 뉴스래빗(newslabit.hankyung.com), "[팩트체크] 대한민국 커피점 90%, 7만5520곳이 '동네 카페'"(2020.07.13).

9) 한국농수산식품유통공사, 32~33쪽.

02

'에스프레소'라는 이름의 전차

송창윤 | 전한에프앤씨(주) 대표

'에스프레소'라는 이름의 전차

2000년쯤 강남구 신사동의 한 카페에서였다. 조그만 커피 잔이 테이블 위에 놓였다. 한 모금 정도나 될까, 연한 갈색의 걸쭉한 액체가 담겨 있다. 처음 입술에 살짝 닿는 순간, 쓰다. 두 번째는 쓴맛 뒤로 고소한 맛이 느껴진다. 세 번째는 캐러멜 향이 났다. 세 번 만에 잔은 비워졌다.

같은 테이블에 앉은 상대방은 능숙하게 스틱설탕을 꺾어 잔에 뿌리고 스푼으로 휘저은 후, 단번에 마시고 잔을 내려놓았다. "설탕을 넣으면 더 맛있습니다."

아, 설탕을 안 넣었구나. 커피는 블랙으로 마시는 게 좋다는 이야기를 어설프게 믿었던 탓이다. '나 블랙커피 마시는 사람이야'라는 허영이 임자를 만나 벗겨지고 있었다.

"블랙도 좋지만 처음 에스프레소를 접하는 분들에겐 설탕을 넣어 드실 것을 권합니다. 강렬한 쓴맛의 기억으로 다음부터 에스프레소를 멀리할 수 있기 때문이죠."

그의 말처럼 쓴맛은 기분 좋게 중화되었고, 참기름처럼 고소함은 더해졌다. 전한에프앤씨(주) 송창윤 대표와 처음 만났을 때의 기억이다.

당시만 해도 에스프레소는 찾아보기 힘든 메뉴였다. 카페 메뉴판에는 두루뭉술하게 원두커피로 적혀 있기 일쑤였다. 간혹 메뉴판에 에스프레소가 있는 걸 본 적이 있었지만 500원 정도 싸다는 것만 알았다.

영어로 빠르다(express)는 뜻의 에스프레소는 강한 압력을 가해 빠르게(30초 이내) 추출한 커피이다. 에스프레소 전용 잔인 데미타세(demitasse)에 담는다. 원두의 액기스가 오롯이 담긴 에스프레소는 지금껏 경험해보지 못한 커피의 맛을 선사한다. 30㎖의 작은 양이지만 오감을 자극하고 긴 여운을 남긴다. 20여 년 전부터 하나 둘 국내 소비자들의 입맛을 공략하기 시작했다. 그 배경에는 에스프레소의 고장, 이탈리아 원두커피가 있었다.

송창윤 대표에게 에스프레소는 커피사업을 시작한 동기이자 20여 년간 품어온 정체성이다. 1997년부터 이탈리아 선두 커피 브랜드, 라바짜(LAVAZZA)를 수입해 인스턴트커피에 익숙한 소비자들에게 '커피의 참맛과 문화'를 전파해왔다. 갖은 난관에도 꿋꿋이 '에스프레소'라는 이름의 전차를 운전해왔다.

당시 국내 커피시장은 인스턴트커피가 장악하고 있었고 에스프레소 수요는 미미했다. 이런 상황에서도 송 대표는 에스프레소 커피 저변을 넓히는 데 초점을 맞춰 마케팅을 펼쳤다. 라바짜 트레이닝센터를 운영하며 교육, 메뉴개발 및 보급에도 힘썼다. 이런 노력 덕에 국내 로스팅 커피와의 가격경쟁에 밀려 상당수 수입 커피가 설 자리를 잃었지만 라바짜는 명품커피의 지위를 다졌다.

1992년 부친이 운영하는 회사에 입사해 무역업무를 했던 그는 해외출장이 잦았다. 원료용 기초화학물 무역업을 하던 부친 덕에 그는 일찍부터 원두커피를 접했고, 즐겼다. 1990년대 중반 무렵 회사는 대기업 종합상사가 전문 무역업체의 영역을 잠식하고 있던 상황에서 새로운 활로를 찾아야 했다. 소비자와 직접 거래할 수 있는 아이템을 모색했다.

1997년 라바짜 커피 수입, 에스프레소 문화 전파

라바짜라는 브랜드를 알게 된 건 언제쯤이었나요? 동서식품, 네슬레로 대표되는 인스턴트커피가 막강했던 시절이라 원두커피를 수입하는 게 큰 모험이었을 텐데요.

1990년대 중반 당시 우리나라는 인스턴트커피 시장의 틈을 비집고 향 커피가 붐을 일으키고 있었지만 일본은 이미 오래 전에 향 커피가 사라지고 유럽식 커피 문화 즉, 에스프레소가 꽃을 피우고 있었습니다. 우리나라도 곧 이런 때가 곧 올 거라 생각했습니다.

그러던 중 1995년 출장차 갔던 홍콩에서 라바짜를 처음 접했습니다. 1895년 설립되어 100년 된 브랜드라고 하더군요. 패키지도 무척 세련되었고, 맛도 훌륭했습니다. 인상적이었어요.

때마침 지인이 미국 원두커피 수입을 대행해 달라고 요청했습니다. 그런데 수입 통관이 예상보다 훨씬 길어져 9개월이나 걸렸어요. 당시 우리나라에는 원두커피 통관 기준이 없었고, 유통기한도 1년밖에 안되었습니다. 통관은 되었지만 물건을 팔 수 있는 시간이 거의 없었습니다. 지인은 큰 손해를 봤지요. 지인에겐 안타까운 일이었지만 덕분에 커피 공부 많이 했습니다.

그 경험 덕에 커피를 직접 수입했나요?

그렇다고 봐야죠. 홍콩 출장길에서 본 라바짜가 계속 머릿속에 맴돌았어요. 첫인상이 결국 결정까지 이어진 셈이죠. 1997년 2월 처음으로 2톤을 수입했고, 12월에도 두 번째 발주를 했습니다. 이 때 좋은 일과 나쁜 일을 동시에 겪게 됩니다.

좋은 일은 원두커피 통관기준이 만들어지고 유통기한도 2년으로 늘어난 것입니다. 나쁜 일은 모두 잘 알다시피 1997년 12월 IMF 외환위기가 닥친 것이죠. 12월 3일, 국가부도의 날이었습니다. 환율이 급상승해 수입원가가 80%나 뛰어 마케팅 전략을 수정할 수밖에 없었어요. 업소용보다 가정용을 너무 많이 수입한 게 문제였습니다. 나라가 망할 상황이었는데 누가 수입커피를 마실까요. 업소용 제품은 커피머신 임대 프로그램을 통해 그런대로 선전했지만 소매용은 20%만 판매되었습니다. 유통기한이 촉박해져 결국 판촉용으로 뿌릴 수밖에 없었어요. 겪어보신 분들은 아실 겁니다. 맘이 무척 쓰렸죠.

커피머신 임대 프로그램이라고 했는데, 커피머신도 수입한 건가요?

저희는 단지 원두커피 수입, 판매가 아니라 에스프레소 문화를 전파하는 토털 커피서비스 기업이 되고자 했습니다. 에스프레소는 강한 압력으로 추출하는 방식이라 바늘과 실처럼 커피머신이 필수적입니다. 머신을 잘 알아야 최상의 서비스를 제공할 수 있습니다.

이탈리아 커피업계는 커피제조사와 커피머신제조사가 협력하는 구조로 발전해왔습니다. 각자 잘 할 수 있는 분야에 집중하고, 파트너십을 통해 소비자에게 최상의 서비스를 제공하는 형태죠. 라바짜 본사는 에스프레소 커피사

> "1990년대 중반 당시 우리나라는 인스턴트커피 시장의 틈을 비집고 향 커피가 붐을 일으키고 있었지만 일본은 이미 오래 전에 향 커피가 사라지고 유럽식 커피 문화 즉, 에스프레소가 꽃을 피우고 있었습니다. 우리나라도 곧 이런 때가 곧 올 거라 생각했습니다.

업을 제대로 하기 위해서는 프로페셔널 커피머신이 필수라며 자신과 파트너십을 맺고 있는 커피머신 기업들을 소개해주었습니다. 여러 기업과 접촉했고, 1999년 반자동 커피머신 전문기업인 가찌아(GAGGIA)와 계약을 맺고 수입을 시작했습니다.

그렇지만 이탈리아 커피업계의 운영모델을 우리나라에서도 적용하자는 마음에 커피머신사업부를 따로 두지 않고 국내 전문 엔지니어 업체에게 커피머신 판매, 설치, AS를 맡겼어요. 커피머신 판매가 목적이 아니라 라바짜 커피에 최적화된 장비를 제공하기 위해 수입한 것이기 때문이죠. 라바짜 거래 매장은 합리적인 가격에 커피머신을 공급받았고, 유지관리 서비스를 받을 수 있었습니다. 초기 설비부담을 줄이기 위해 임대 프로그램을 운영해 호응을 얻었습니다. 그나마 외환위기를 넘길 수 있었던 배경이었습니다.

기로에 선 커피사업, 2002년부터 기지개

그렇다 하더라도 외환위기 상황이 이후 몇 년간 지속되었고, 특히 수입원가가 높아 수입업은 사업을 지속하기 힘들었을 텐데요.

예상했던 것만큼 시장이 커지지 않았고, 2001년 기로에 섰습니다. 상황이 힘든데 교육센터를 운영하는 게 사치스러운 게 아니냐는 평가도 있었지만 저희 커피사업의 본질이었기에 이를 중단할 수는 없었습니다. 모 아니면 도, 2년만 더 해보고 안 되면 포기하자 마음먹었습니다. 운영자금을 위해 집을 담보로 대출을 받았습니다. 배수진을 친거죠. 다행히 2002년부터 매출이 꾸준히 올랐고, 라바짜 본사에서도 한국 시장에 관심을 보여 지원을 늘렸습니다.

2002년 이후 상황이 나아지기 시작했다고 하지만 불안한 나날들이었을 테지요. 그런 가운데서도 2003년 6월 한국커피연합회 발기인으로 참여하고, 2005년 연합회 설립 및 활성화에 힘을 쏟았는데⋯.

어디 저만의 힘이었을까요. 초대 회장 고(故) 이종규 대표팀, 2대 이세욱 대표님을 비롯해 많은 분들이 십시일반 힘을 보탰습니다. 2002년 11월 열린 국내 첫 커피전문 전시회(Coffee & Tea 페스티벌) 이후 어떤 공감대가 형성되었습니다. 이듬해 이 전시회에서 처음으로 바리스타대회(KBC; Korea Barista Championship)를 기획했는데, 우리나라 커피산업이 제대로 성장하려면 무엇보다 바리스타라는 전문인력이 많이 배출되어야 한다는 데 뜻을 모았어요. 저를 비롯해 몇몇 대표님들이 대회준비 과정에 참여했습니다. 훗날 이 준비모임이 이후 한국커피연합회 설립으로 이어진 거죠.

개별 기업의 홍보보다는 행사를 잘 치러보자는 의지들이 강했습니다. 예선전 장소, 장비, 비용 등을 기꺼이 제공했습니다. 2003년 첫 대회 예선전은 종로에 있는 '카페 뎀셀브즈'에서 치렀습니다. 이후 첫 대회 본선도 잘 마쳤고, 2004년 2회 예선전은 많은 사람들에게 바리스타 경연대회 모습을 보여주려고 소공동 롯데호텔 지하광장에서 열었습니다. 기대 이상으로 젊은 층의 호응이 컸어요. 개인적으로 이때가 바리스타라는 신종 직업군이 태동한 시점이라 생각합니다.

돌이켜보면 2000년대 초기를 지나며 에스프레소 저변이 넓어졌는데, 바리스타대회가 기여한 측면이 많겠지요?

2000년대 초반은 우리나라에 새로운 커피문화가 형성된 시기라 할 수 있습니다. 에스프레소가 그 주인공이었지요. 카페, 커피전문점에서 에스프레소가 메뉴판 맨 위를 차지하기 시작했고, 카푸치노, 카페라테 등 에스프레소를 기반으로 한 베리에이션 메뉴가 다양해졌습니다.

이런 변화에 기여한 게 바리스타 대회라고 봅니다. 에스프레소 전도사 역할을 한 거죠. 에스프레소 추출의 수준이 중요한 평가기준이었거든요. 또한 경연대회를 계기로 바리스타 인력이 양성되었고, 이들의 경험도 축적되었습니다. 이 시기를 거치며 바리스타학원이 많이 생겼고, 대학 평생교육원을 중심으로 바리스타 과정이 개설되었습니다. 대학 바리스타학과도 만들어졌습니다. 바리스타 자격증 붐도 일었지요.

2005년 맥도날드 매장 공급…도약과 위기

그러면 우리나라 원두커피 시장이 본격적으로 기지개를 켠 시점은 언제로 보나요?

2002년 한일월드컵 이후로 봅니다. 원두커피 소비층이 넓어지기도 했지만 저희 입장에서는 호텔, 외식업체 등 대량 구매처의 상황 변화가 컸습니다. 외환위기 이후 특급호텔의 외국인 지분이 늘어나면서 커피 구매 기준이 가격에서 품질로 전환되기 시작한 거죠.

이런 변화는 대형 외식업체도 마찬가지였습니다. 특히

한국맥도날드가 국내자본 운영에서 맥도날드 본사 운영 체제로 바뀌면서 고품질 원두커피를 찾고 있었습니다. 한국맥도날드는 균일한 품질과 서비스 대응력을 고려해 라바짜를 선택했습니다. 1년여의 협의과정을 거쳐 2005년부터 라바짜 커피가 국내 맥도날드 매장에서 판매되었습니다. 순차적으로 취급점을 늘려간 게 아니라 전국 300여 개 매장에 라바짜 커피가 일시에 공급되었습니다.

당초 예측했던 판매량을 훨씬 웃돌았습니다. 급하게 물량을 조달하기 위해 항공을 이용하는 경우도 많았습니다. 항공화물 운임이 비싸 손해였지만 어쩔 수 없었어요. 그렇게 1년 동안 물량을 공급하느라 정신이 없었습니다.

인내하며 외환위기의 파고를 견딘 보람이 있네요. 라바짜가 국내 소비자들에게 널리 알려졌지요?

전국 곳곳 맥도날드 매장 간판에 라바짜 브랜드가 함께 걸렸습니다. 공중파 방송 맥도날드 광고에서도 라바짜 브랜드가 노출되었습니다. 브랜드 인지도가 높아져 라바짜는 대중적 기반을 마련할 수 있었습니다. 심지어 점심은 다른 곳에서 먹고 맥도날드 매장에서 라바짜 커피를 마시는 사람들도 많았습니다. 맥도날드 매장 공급 2년 만에 매출은 2배로 늘었는데, 이중 50%가 맥도날드 매출이었어요.

그러나 편중된 매출구조여서 매출상승을 마냥 반길 수만은 없었습니다. 불안감은 현실이 되었어요. 2008년 미국발 세계금융위기가 닥친 겁니다. 이때도 환율이 급등해 수익성은 날로 악화되었습니다. 울고 싶은 데 뺨 맞은 격이랄까. 때마침 맥도날드 본사는 금융위기로 인한 경기침체에 맞서 경영효율화를 위해 재료공급망 일원화 정책을 추진했습니다. 글로벌 대기업이 맥도날드 아시아태평양 지역 공급처로 선정되었고, 2009년 여름 라바짜는 한국맥도날드 매장에서 철수했습니다.

또 다시 위기가 닥쳤군요. 어떻게 극복한 건가요?

오히려 홀가분했어요. 팔수록 손해였으니. 여기서 아버님 이야기를 빼놓을 수 없네요. 선배 경영인이자 제 롤모델이시지요. 아버님은 항상 '오너 리스크'를 경계해야 한다고 강조하셨습니다. '외부환경 요인을 무시하지 못하지만 가장 큰 위험은 내부, 그중 오너 자신에게 있기에 이를 항상 염두에 두어야 한다. 아니다 싶으면 미련 없이 훌훌 털어버릴 줄도 알아야 한다. 미련을 두다가 본질을 잃는다.'

일시적으론 매출에 큰 타격을 입었지만 큰 거래처 의존

도를 낮추고 기본 영업에 집중하자, 에스프레소 커피를 시작했던 그때의 마음으로 돌아가자고 다짐했습니다. 5년 반 동안 맥도날드를 통해 라바짜를 알렸다는 데 위안을 삼고, 내실을 다지며 다소 소홀했던 일반 카페, 커피숍 마케팅에 집중했습니다. 이후 3년은 다시 힘든 시기였지만 '라바짜와 함께 하면 경쟁력이 있다'는 인식을 심어줄 수 있었습니다.

1969년 무역업으로 출발…커피사업으로 활로 개척

아버님 이야기를 하셨는데, 아버님이 1969년 설립하신 전한에프앤씨는 창립 50년을 넘겼습니다.

전한에프앤씨는 1969년 5월 1일, 전한(全韓)상사로 출발했습니다. 세제, 비료, 유리, 화장품에 쓰이는 경공업 기초화학원료 무역업으로 빠르게 기반을 다졌지요. 대학 졸업 후 일찍부터 외국계 화학무역상사에서 근무했던 아버님(창업주 송재국)이 구축한 해외 네트워크 덕분이었습니다. 기초화학원료는 고무, 면사와 함께 당시 3대 호황업종으로 불렸습니다.

그러나 호황은 오래가지 못했습니다. 1970년대 1, 2차 오일쇼크, 대기업 무역상사와의 경쟁 등 통제하기 힘든 변수가 발목을 잡기 일쑤였습니다. 부침을 거듭했습니다. 호황일 때 한눈을 팔 수도 있었지만 아버님은 초심을 잃지 않으셨습니다. 겸손하고 검소하셨어요. 대신 고용규모는 여유 있게 유지하셨습니다. 직원들이 여유가 있어야 미래를 대비할 수 있고, 통제할 수 없는 변수에 대응할 수 있다고 보셨기 때문입니다. 50년 역사는 그렇게 이어졌습니다.

커피사업을 시작한 건 날로 입지가 좁아지는 기초화학원료 무역업에서 벗어나 새로운 활로를 위한 포석이었군요.

대학 때부터 아버님 회사에서 아르바이트를 했습니다. 대학 졸업 후 유학을 떠나려 했지만 1992년 전한에프앤씨에 입사했습니다. 초기 몇 년은 주력 아이템인 리튬, 파라핀왁스 마케팅 부서에서 일했어요. 그러다 1990년대 중반 지인들과의 모임을 통해 다른 사업을 모색했습니다. 무역업은 일반 소비자와 만날 일이 없습니다. 수입품을 기업 바이어에게 넘기면 되었죠. 직접 소비자와 거래할 수 있는 아이템을 찾았고, 친숙하게 다가갈 수 있는 분야로 식품, 그중에서도 커피를 선택했습니다. 1997년 지인들과 별도로 트라이엠 엔터프라이즈를 설립하고, 이탈리아 라바짜 커피를 수입했습니다. 어느덧 20년이 훌쩍 넘었네요.

전한상사는 2002년 전한에프앤씨(F&C)로 이름을 변경합니다. 대표이사로 취임한 것도 이때라고 들었습니다.

전한상사는 2002년 8월 트라이엠 엔터프라이즈를 합병해 전한에프앤씨(F&C)로 상호를 변경했고, 제가 아버님 뒤를 이어 대표이사로 취임했습니다. 'C'는 기존 사업분야인 케미컬(화학)을, 'F'는 푸드를 뜻합니다. 커피를 비롯한 식품분야를 회사의 미래 먹거리로 자리매김하겠다는 의지를 담았습니다. 그러다 2007년 4월, 화학사업부를 전한글로켐으로 분사했습니다. 이제부터 'C'가 케미컬에서 커피를 상징하는 이니셜이 된 셈입니다.

1997년 1MF 외환위기 때는 아버님 옆에서 지켜보는 입장이었지만 2008년의 위기는 제가 감당할 몫이었습니다. 고환율로 타격을 입었지만 이를 가격에 반영하지 않고 거래패턴을 유지했습니다. 지나고 나니 회사가 위기를 극복했다는 게 뿌듯하더군요. 아버님의 지난 세월을 더욱 절

실하게 이해할 수 있었고요. 이런 경험이 쌓이며 내성이 커지고, 경영자가 되는 게 아닐지….

젤라또 장비사업 진출, '머신-협력-교육' 토털서비스

전한에프앤씨는 2016년부터 새로운 아이템으로 젤라또 사업을 추진하고 있습니다. 이번엔 F(food)에 방점을 찍은 듯한데요.

미래 먹거리를 찾는 일은 경영자로서 숙명 같은 일이지요. 2008년의 위기를 넘기고 내실을 다지면서도 커피와 잘 매칭되는 새로운 아이템을 모색해왔어요. 앞으로 디저트 카페가 본격화되리라 판단했고, 젤라또가 눈에 들어왔습니다. 에스프레소와 젤라또 모두 이탈리아가 원조국이라는 공통점이 있습니다. 에스프레소 문화에 이어 젤라또 문화를 전파해보자 결심하고, 2016년 하반기 이탈리아 젤라또 머신 기업 브라보(Bravo)사와 독점 수입계약을 체결했습니다. 또한 이리녹스(Irinox) 급속냉동기, 오리온(Orion) 쇼케이스 등과 협력관계를 맺었습니다. 이어 2016년 11월 코엑스에서 열린 '베이커리 페어 앤 디저트 쇼'에서 첫선을 보였습니다.

1967년 설립된 브라보(Bravo)사는 명품 젤라또 머신 메이커입니다. 브라보 머신은 젤라또뿐 아니라 초콜릿, 커스터드크림, 밀가루 반죽 등도 정밀하게 만들 수 있습니다. 이처럼 활용도가 무궁무진한 브라보 젤라또 머신을 잘 다룰 수 있는 전문인력(젤라띠에레)이 요구되는데, 커피트레이닝센터 공간을 활용해 젤라띠에레 교육을 진행하고 있습니다. 장비 하나 더 팔기 위한 목적보다 젤라또 저변을 확대하는 게 중요하기 때문이죠.

예전에 커피머신을 수입했던 경험이 뒷받침되었겠네요. 그때와 다른 점은 무엇인가요.

1999년부터 2003년까지 '가찌아' 커피머신을 수입했는데, 장비판매 목적이 아니라 에스프레소 문화를 전파하기 위해서였습니다. 이 기간 동안 약 1,500대의 커피머신을 유통하며 국내 에스프레소 커피 시장을 성장시켰다고 자평하지만 우여곡절 끝에 2003년 이를 중단했습니다.

사연은 이렇습니다. 2001년 가찌아가 세코(Saeco)에게 인수합병 되면서 다른 루트를 통해 가찌아 머신이 들어오기 시작해 독점계약은 의미가 없어졌습니다. 가격경쟁 탓에 갈수록 적자가 심화되었죠. 커피 비즈니스를 위한 보조수단이 회사에 큰 부담과 걸림돌로 작용했습니다.

그렇다 해도 커피머신 수입은 그저 실패로만 끝난 게 아닙니다. 회사의 경험자산이 되었어요. 여느 커피업체보다 커피머신 노하우를 축적했고 마케팅 활동에 큰 힘이 되었습니다. 특히 '커피-머신-교육'으로 이어지는 커피 토털서비스 시스템의 경험을 젤라또 사업에 접목해 '머신-협력-교육'의 젤라또 토털서비스를 제공하고 있습니다. 결국 커피머신 사업 경험이 새로운 사업으로 이어진 셈이죠.

젤라또 머신은 커피머신과 다르게 전개하고 있습니다. 젤라또 머신을 중심으로 재료업체와의 협력관계를 구축하는 방식으로 말이죠. 커피사업이 커피를 중심에 놓고 보조수단으로 머신을 취급했다면, 젤라또 사업은 머신을 중심에 놓고 재료를 붙이는 방식입니다.

포스트 코로나 솔루션, 트레이더의 역할

2020년 세계를 강타한 코로나19 사태를 계기로 전과 전혀 다른 미래가 그려집니다. 전한에프앤씨만의 위기는 아니지만 어느 때보다 혁신이 필요할 때인데요.

2009년 여름 한국맥도날드 매장 철수로 매출은 급감했지만 이익률은 오히려 상승했습니다. 이후 3년 정도 허리띠를 졸라매고 사업방향을 정비했어요. 가장 중점을 둔 부분은 '세일즈 연구개발'이었습니다. 국산 로스팅 커피보다 상대적으로 높은 가격을 감당할 수 있도록 우리의 장점을 드러내는 것이죠. 트렌드를 반영한 메뉴 제안, 메뉴 품질 관리 등의 서비스를 제공함으로써 거래처가 관심을 받고 있다는 느낌이 들도록 하는 것입니다. 이는 저희가 커피 사업에서 쌓아온 노하우이기도 합니다.

10여 년 전의 경험을 되살려 다시 한 번 세일즈 연구개발에 주력할 계획입니다. 이 과정에서 교육센터(라바짜 트레이닝센터)의 역할이 매우 중요합니다. 우리의 차별화된 서비스를 전달하는 매체이자 세일즈의 전초기지죠. 다소 소홀했던 교육 이후의 관리, 즉 정기적으로 연락하고 새로운 메뉴와 트렌드에 대한 정보를 제공해야 합니다.

관련 기업과의 협력도 더욱 강화할 필요가 있습니다. 한국커피연합회 운영에 적극 참여해온 것도 회원사들과의 네트워크를 통해 정보를 교류하고 아이디어를 얻을 수 있기 때문입니다.

'익숙함의 맹점'도 주의해야 합니다. 업무효율을 높이기 위해 통합정보시스템(ERP)을 이용하고 있지만 크로스체크를 하지 않아 문제가 발생한 적이 있어요. 숫자를 잘못 입력한 채로 방치되었거든요. 전산화 전에는 발주 처리에 필요한 서류가 5가지였어요. 불편하긴 했어도 크로스체크가 가능했습니다. 편리함에 익숙해지면 수동적이 됩니다. 익숙함의 맹점을 인식하고 능동적으로 움직여야 합니다.

코로나를 계기로 친환경, 사회적 책임 경영, 지배구조 개선을 뜻하는 ESG(Environmental, Social and Governance) 경영이 부상하고 있습니다. 라바짜는 이미 오래 전부터 지속가능한 친환경 경영을 실천하고 있습니다. 2002년부터 100% 열대우림동맹(Rainforest Alliance) 인증원두 제품인 '라바짜 띠에라(Lavazza Tierra)'을 생산하고 있습니다. 또한 코로나로 가정용 커피수요가 크게 늘었는데, 라바짜는 몇 년 전부터 B2C 시장을 겨냥해 드립용 커피를 출시했고, 오래 전부터 캡슐커피도 생산해왔습니다. 포스트 코로나 전략으로 라바짜의 친환경 노력과 홈카페 제품을 알리고 체험할 수 있도록 마케팅을 펼칠 계획입니다.

마지막으로 저희 같은 트레이더(trader)의 역할에 대해 강조하고 싶네요. 트레이더는 단순히 제조자와 사용자를 연결하는 역할에 머물지 않습니다. 구입가격과 판매가격의 차익만을 거두는 일이 아닙니다. 두 지점 사이에 찍어야 할 점이 무수하죠. 단순한 연결자로서만 머물렀다면 전한에프앤씨는 존속하기 힘들었을 겁니다. 트레이더는 항상 경제상황을 살펴 제품을 선택하고, 어떻게 사용하면 부가가치를 올릴 수 있는지를 알려줘야 합니다. 새로운 변화에 신속하게 대응하기 위해 준비도 해야 합니다.

지나고 보면 그동안의 여러 우여곡절도 고맙게 느껴집니다. 코로나19 사태도 그럴 거라 봅니다. 자만하지 않도록 때마침 위기가 찾아와주었어요. 아마도 오늘을 있게 한 힘이 아닐까요?

> "트레이더는 단순히 제조자와 사용자를 연결하는 역할에 머물지 않습니다. 구입가격과 판매가격의 차익만을 거두는 일이 아닙니다. 두 지점 사이에 찍어야 할 점이 무수하죠.

[after **interview**]

송창윤 대표는 인터뷰의 상당 시간 동안 현재 회사가 처한 문제와 솔루션에 대한 고민을 이야기했다. 솔루션은 직원들에게 지시할 구체적인 업무 내용이다. 문제점을 나열하는 것은 쉽지만 솔루션을 찾는 건 어렵다.
"불평만 하고 있으면 안 되죠. 조직의 문제를 진단하고 해결책을 제시해야 해서 요즘 고민이 많습니다."
송 대표는 국내 원두커피 시장의 성장과 함께 뒤안길로 사라진 다른 수입커피와 달리 이탈리아 라바짜를 명품커피로 안착시켰다. 더욱이 에스프레소를 전파하며 원두커피 저변을 넓혔다. 그가 정의하는 트레이더는 '새로운 가치를 만드는 사람'이다. 위기를 기회로 만든 원동력이자 100년 기업을 향한 이정표이다. 그의 고민 속에는 에스프레소에 이어 또 다른 가치가 영글고 있었다.

㈜전한에프앤씨 주요 연혁
www.junhan.co.kr

1969.05.01	회사 창립(전한상사)
1997	이탈리아 라바짜 커피 국내독점 수입
2002.08	트라이엠 엔터프라이즈 흡수 합병.
	상호 변경(전한에프앤씨)
2003	한국커피연합회 창립을 위한 발기인 참여
2005	한국맥도날드 매장 입점
2007	라바짜 트레이닝센터 오픈
2009	쇼핑몰 오픈(www.lavazzamall.com)
2016	젤라또 장비(브라보 젤라또 머신) 사업 시작

아카이브 카페 2

에스프레소 유래와 정의

1990년대 말부터 본격화된 에스프레소는 'express'라는 어원처럼 국내 커피문화를 빠르게 변모시킨 주인공이다. 커피로 통용되던 메뉴가 에스프레소를 토대로 우유, 소스, 시럽 등이 가미되어 다양해졌다. 일반적인 드립커피 추출 방식은 약 3분이 소요되지만 에스프레소는 전용 커피머신을 이용해 30초 안에 마무리된다. 순간적으로 뜨겁게 데워진 물을 가압 모터에 의해 인위적인 힘을 가하여 추출한 커피가 에스프레소다.

언제 탄생했나?
1901년 이탈리아 루이지 베제라(Luigi Bezzera)가 물의 증기압을 이용해 25초 만에 커피를 만드는 기계를 발명하고 1906년 밀라노 만국박람회에서 첫 선을 보였다. 그는 홍보 포스터에 커피를 빠르게 추출하는 머신이라는 뜻을 담아 '카페 익스프레스(Caff Express)'로 표현했고, 이에 사람들이 '빠른 커피'를 에스프레소로 부르기 시작했다.[10]

두 가지 의미
에스프레소 종주국 이탈리아에서는 빠르게 추출한 커피라는 의미로 설명하지만 최대 소비국 미국에서는 '압력을 가해 짜낸 커피'라는 뜻이라고 주장하는 경우가 많다. '~에서 나오다'는 뜻의 'ex'와 압력을 가하다는 뜻의 'press'가 결합되어 '압력을 가해 커피 성분을 빼내다'는 설명이다.[11]

추출공식
미세하게 분쇄된 커피 6~7g, 90~96℃의 온도로 가열된 8~9기압의 힘을 가한 물 30cc로 25~30초 이내에 추출한다.[12]

---

10) 박영순 외, 《이유있는 바리스타》, 커피비평가협회(2019).
11) 박영순, 《커피인문학》, 353~355쪽, 인물과사상사(2017).
12) 이영민, 《커피트레이닝》, 아이비라인(2002).

추출 프로세스

① 그라인딩(Grinding): 원두를 그라인더의 호퍼에 담아 분쇄한다.
② 도징(Dosing): 분쇄된 원두를 포터 필터에 담는다.
③ 탬핑(Tamping): 포터필터에 담긴 가루가 수평이 되도록 적절한 힘으로 누른다.
④ 태핑(Tapping) : 탬퍼로 포터필터를 1~2회 부드럽게 두드려 주고, 이후 2차 탭핑을 한다.

⑤ 플러싱(Flushing): 포터필터를 머신에서 분리한 후 뜨거운 물을 흘려준다.
⑥ 추출(Extraction): 포터필터를 커피머신 그룹 헤드에 장착하고 추출한다.

종류

에스프레소는 시간, 추출 양에 따라 리스트레토, 에스프레소, 룽고, 도피오로 구분된다. 리스트레토는 에스프레소보다 짧은 시간 안에 15~25㎖를 추출한 것, 에스프레소는 25~35㎖, 룽고는 에스프레스보다 긴 시간 동안 35~45㎖를 추출한 것이다. 도피오는 각 커피의 2배 양(더블)이다.[13]

카페인 함량

에스프레소 한 잔(30㎖)에 담기는 카페인의 함량은 40㎎이다. 에스프레소가 물과 만나는 시간이 짧고, 양이 적어 다른 방식으로 추출되는 커피들보다 카페인 함량이 낮을 것이라는 항간의 믿음은 오해다.[14] 추출온도가 높고, 압력까지 가해지니 카페인도 더 잘 녹아 나온다. 그렇지만 양이 적으므로 1회음용 시 카페인 섭취량은 드립커피보다 낮다고 할 수 있다.

---

13) 이승훈, 《올 어바운 에스프레소》, 서울코뮨(2010).
14) 박영순 외, 《이유있는 바리스타》, 커피비평가협회(2019).

03

커피머신 비즈니스 40년

박정수 | ㈜두잉인터내쇼날 대표

커피머신 비즈니스 40년

20년 전 커피전문지 창간을 준비하면서 만난 ㈜두잉인터내쇼날(www.doing.co.kr) 박정수 대표는 당시 국내 커피업계에 대해 많은 이야기를 해주었다. 인스턴트커피만 알고 있던 내게 그가 나열하는 이름들은 생소할 따름이었다. 그는 책장에 꽂혀있던 이런저런 자료를 보여주며 커피를 제대로 알아야 한다고 강조했다. 커피체리 사진을 처음 본 것도 그 자리인 듯하다. 이 열매를 건조해서 로스팅한 게 원두커피라고 했다. '커피는 그냥 타 먹는 게' 아니었다.

"우리나라에서 커피전문지가 나오면 좋겠지만 아직 시장이라 하기에는 너무 미약해서…."

박 대표는 조심스럽게 말을 이어갔지만 잡지에 채울 콘텐츠에 도움이 될 만한 사람들을 소개했다. "아무튼 잘 되길 바랍니다. 언제든 궁금한 게 있으면 연락해요."

박정수 대표는 1989년부터 30년 이상 커피 장비사업을 해오고 있다. 그의 말처럼 '시장이라 하기엔 너무 미약했던' 1980~90년대, 어떻게 고가의 수입 커피머신을 팔았는지 궁금했다. 딱히 떠오르는 수요처는 특급호텔뿐이었을 텐데.

"사업을 시작하기 전에 수입 주방기기를 호텔에 납품하는 무역회사에서 일하며 쌓았던 인맥이 자산이었지요."

전남 해남이 고향인 박 대표는 60년대 중후반 초등학교를 마치고 서울로 올라왔다. 집안 형편은 그의 진학을 막았다. 고학(苦學)을 결심하고 어린 나이에 상경해 힘겹게 중·고등학교와 대학을 마쳤다. 생계와 학업을 병행했기에 공부에 집중하기 힘든 상황에도 영어만큼은 잘 했다.

그 때 쌓은 영어실력은 이후 큰 자산이 되었다. 무역회사에 입사해 최적의 아이템과 거래처를 확보할 수 있었던 기반이었다. 이렇게 구축한 해외 네트워크는 40년 가까이 이어져왔다.

1980년대 몇몇 특급호텔에서나 볼 수 있었던 1,500~2,000만 원짜리 커피머신 세일즈로 커피와 인연을 맺은 그는 1989년 대보실업(두잉인터내쇼날 전신)이라는 회사를 설립하며 본격적으로 커피머신 사업에 뛰어들었다. 그러나 수요는 한정돼 있었고, IMF 외환위기 때는 존폐의 기로에 서기도 했다.

오랜 바람대로 2000년대 들어 국내 원두커피 산업이 부흥기를 맞았을 때 박 대표의 오랜 경험은 비로소 진가를 발휘하기 시작했다. 그의 이야기 속에서 1980~90년대 원두커피 시장이 어떻게 형성되었는지를 살펴볼 수 있는 건 이 때문이다.

'집 한 채 값' 물건을 팔다

첫 직장생활은 언제, 어디서 시작하셨나요.

군대를 다녀오고 1980년 D산업에 입사해 건설현장에서 일했어요. 그렇지만 3개월 만에 그만 둡니다. 당시에는 술 한 모금 입에 대지 못했는데, 현장은 언제나 술과 함께라서 적응하기 힘들었습니다. 퇴사하고 들어간 곳이 영어학습 카세트테이프와 교재 판매로 호황을 누리고 있던 D출판사라는 곳이었어요. 회사는 1983년 사업다각화를 위해 별도 주방용품 수입회사를 설립합니다. 여기 창립멤버로 합류했습니다.

그럼 그때부터 커피머신과 인연을 맺으신 거네요.

주방설비가 메인이었고, 이중 커피머신이 포함되었습니다. 주로 오성급 호텔을 대상으로 영업을 했습니다. 당시 커피머신 한 대 가격이 2천만 원에 달할 정도로 고가였습니다. 웬만한 집 한 채 값이었고, 이를 구매할 만한 곳이 호텔 말고는 거의 없었지요. 일반적인 영업이라기보다는 클라이언트의 욕구를 해결해주는 컨설턴트에 가까웠습니다. 컨설턴트 역할을 하려면 해외업체에 대한 정보를 꿰고 있어야 했습니다. 그동안 익힌 영어가 큰 도움이 되었죠.

전환점이 마련된 건 86 아시안게임이었습니다. 호텔들은 아시안게임뿐 아니라 88 서울올림픽도 대비해야 했습니다. 호텔로서는 물 들어올 때 노를 젓기 위해 준비를 해야 했습니다. 늘어날 관광객을 염두에 두고 설비를 보강했고, 이에 호텔 주방기기 수요가 크게 늘었습니다. 이때 롯데, 신라, 힐튼 등 대형호텔에 수입 주방기기를 납품했습니다.

88 서울올림픽을 준비할 즈음 우리나라 관광레저산업이 기지개를 켜기 시작한 시점이라 할 수 있는데, 다른 곳에서도 커피머신을 비롯한 수입 주방기기 수요가 있었겠지요?

대표적으로 유람선이었습니다. 80년대 중반부터 한강에 유람선이 운항되기 시작했는데 세모유람선과 원광유람선이 경쟁하고 있었죠. 어느 날 세모유람선을 찾아갔습니다. 어떤 이유인지 대표 분이 제게 호감을 보이더니 뚝섬에 오픈할 선상 레스토랑에 주방기기는 물론 유텐실(포크, 나이프, 접시 등 주방 및 바에서 사용되는 기물)까지 제게 맡기겠다고 하더군요. 금액이 만만치 않았는데, 결제도 현금으로 척척 해주었습니다. 그런데 몇 년 후 그 분의 얼굴을 TV 뉴스에서 보고 깜짝 놀랐어요. 1987년 발생한 비극적인 사건에 연루된 인물로 나온 겁니다.

국산 원두커피의 시작, 미주산업

커피머신은 원두커피와 뗄 수 없는 관계인데, 1980년대 국내 원두커피 시장은 어땠나요?

외국관광객을 대상으로 하는 호텔 말고는 원두커피 수요는 매우 미미했습니다. 동서식품의 인스턴트커피가 대부분을 차지했지요. 우리나라에서 원두커피를 처음 생산한 곳은 미주산업(1989년 대상그룹에 인수)입니다. 1968년 'MJC커피'를 내놓았죠. 이어 동서식품이 커피제조업에 뛰어들었는데, 원두커피도 생산했지만 주력은 인스턴트커피였습니다. 1970년 미국 제너럴푸드와의 합작으로 국내 최초로 인스턴트커피를 생산했습니다. 이후 동서식품은 커피프림, 커피믹스 등을 개발하며 인스턴트커피 붐을 이끌었습니다.

사실 인스턴트커피는 일종의 장치산업입니다. 제조설비

> "주로 오성급 호텔을 대상으로 영업을 했습니다. 당시 커피머신 한 대 가격이 2천만 원에 달할 정도로 고가였습니다. 웬만한 집 한 채 값이었고, 이를 구매할 만한 곳이 호텔 말고는 거의 없었지요.

투자비가 만만치 않습니다. 반면 원두커피는 설비가 단출하지요. 미주산업은 초기에 가마솥에서 생두를 볶은 걸로 알고 있습니다. 1979년 대학로에 우리나라 원두커피 체인점의 시초라 할 수 있는 '난다랑'이 문을 열었고, 몇 년 간 인기를 끌었지만 오래 가지 못했죠. 그야말로 원두커피는 변방에 머물러 있었습니다. 88 서울올림픽을 기점으로 상황이 좀 달라지긴 했지만 원두커피가 의미 있는 시장으로 자리매김하기까진 이후로도 10년 이상의 시간이 더 필요했습니다.

이처럼 커피머신 수요가 한정적이었는데, 영업하기가 만만치 않았겠네요.

원두커피를 취급하던 호텔 커피숍이나 몇몇 카페를 방문하면 주방장(지금의 바리스타)이 무척 경계했습니다. 매장에 값비싼 커피머신을 들여오면 자기가 해고당할지도 모른다는 두려움이었죠. '나를 자르러 온 놈'이라는 말도 듣기 일쑤였습니다. 그래도 여기서 포기할 순 없죠. 매상을 올려주는 전략으로 영업을 했습니다. 방문하는 곳마다 커피 다섯 잔을 시키고 값을 치렀어요. 다 마셨냐고요? 그걸 어떻게 다 마셔요. 하하.

88올림픽 이후 가능성 확인, 대보실업 창업

이런 상황에서 커피머신 시장의 성장가능성을 확인한 건 언제였나요?

1988년 커피전문점 체인사업을 추진하던 ㈜영인터내쇼날로 이직했습니다. 커피머신을 비롯한 매장설비를 담당했지요. 처음에는 일본 도토루를 들여오려고 했는데 로열티 문제로 결렬되고, 독자 브랜드 전략으로 바꿨어요. 그렇게 탄생한 게 쟈뎅(JARDIN)입니다. 프랑스어로 '낙원, 정원'이라는 뜻입니다.

1988년 압구정동 한양아파트 부근 쌍봉빌딩 옆에 쟈뎅 1호점이 문을 엽니다. 지금은 가맹사업을 하지 않지만 당시 쟈뎅은 큰 호응을 얻었습니다. 그야말로 물밀 듯이 가맹문의가 잇따랐어요. 몇 가지 이유가 있는데요. 당시 다방, 커피숍은 여성점원이 서빙하는 방식이었는데, 이를 없애고 셀프 시스템을 도입했습니다. 지하가 아닌 지상에 점포를 열었고, 인테리어도 밝고 모던하게 연출했습니다. 커피에 타 먹는 용도로 생크림을 처음 도입한 것도 한몫했습니다. 생크림을 미술대학 학생들이 만든 종지에 담아 제공했는데, 소비자들에게 큰 인기였어요. 도자기 종지 모양이 예뻐 가져가는 사람이 많을 정도였습니다. 이렇게 빠른 시간 안에 매장이 늘어나니 커피머신 수요도 덩달아 많아졌지요. 그때 커피머신의 성장 가능성을 확인했습니다.

회사연혁을 보면 시작연도가 1987년으로 되어 있던데, 겸업을 한 건가요?

언젠간 사업을 해야지 마음먹었지만 행동이 뒷받침되지 않으면 차일피일 미루다 세월만 보낼지도 모른다는 조바심이 생기더군요. 그래도 일단 아내 명의로 '대보실업'이란 이름으로 1987년 말경 개인사업자 등록을 했습니다.

본격적으로 사업을 시작한 건 1989년입니다. 그 전까지 1년여의 짧은 시간이었지만 쟈뎅에서 일하며 많은 걸 배웠습니다. 예전 무역회사에서 커피머신을 취급하긴 했지만 주방설비의 일부 품목이어서 커피에 대해 자세히 공부하지 못했습니다. 공부를 하려고 해도 볼 만한 자료도 없었어요. 그저 해외거래처가 제공하는 정보만 갖고 영업했지요.

쟈뎅은 커피제조 공장을 기반으로 체인사업을 하려고 했습니다. 그렇지만 당시 커피제조업은 허가제로서 허가기준이 까다로워 진입장벽이 높았습니다. 동서식품, 미주산업 말고는 커피제조업을 하는 곳이 없었어요. 당시 한국에 진출한 도토루도 국내에 공장을 설립하려고 했지만 허가를 못 받아 초기에 일본 본사에서 직접 커피를 들여왔습니다.

당시 커피는 특별소비세 품목(1999년 특소세 폐지)이라 관세가 높았습니다. 도토루는 '100엔 커피(당시 환율 100엔=600원)'라 해서, 1잔에 600원 정책을 펼쳤는데, 수익성이 악화될 수밖에 없었어요. 몇 년 후 맥을 못 추고 한국 시장에서 철수한 이유 중 하나이기도 합니다.

어쨌든 쟈뎅은 우여곡절 끝에 기준을 충족해 커피제조업 허가를 받았습니다. 공장 설립을 준비하며 생두, 로스팅, 장비 등에 대해 많이 알게 되었습니다.

여담이지만 커피제조업 허가제는 1993년 신고제로 바뀝니다. 국내 커피 로스팅이 활성화된 계기라 할 수 있어요. 이때부터 국산 로스팅 장비업체도 하나 눌 설립되기 시작합니다.

부산 '허심청' 주방설비 공급 후 커피머신에 집중

본격적으로 사업을 시작한 나이가 30대 중반쯤이었네요. 신생 기업은 3년을 버티기 힘들다고 하는데 초기에 어떻게 기반을 다졌는지….

커피머신으로 방향을 잡았지만 시장이 아직 미미해 당장은 수입 주방설비에 비중을 둘 수밖에 없었어요. 자본금이 미미했던 터라 전시장은 엄두도 못 냈어요. 그동안 영업하며 쌓은 인맥을 찾아 카탈로그를 들고 찾아다녔습니다.

그러던 중 큰 거래처가 생기게 됩니다. 1990년쯤 농심그룹의 ㈜호텔농심(구 동래관광호텔)이 부산 동래 '허심청' 개장을 준비하고 있었는데, 제게 연락이 왔습니다. 호텔업계에 입소문이 났던 거죠. 온천장에 들어갈 수입 주방설비 및 용품 트레이더를 수소문하다 연락했다고 하더군요. 계열사에 무역회사가 있었지만 워낙 품목이 많고 전문적인 분야라 감당하기 힘들어 이를 맡기고 싶다고 했습니다. 허심청은 1991년 개장 당시로서는 아시아 최대 규모였고, 주방설비 구매 규모가 개인사업자가 수주하기엔 엄청난 금액이었습니다. 더욱이 바로 결제하는 조건이라 신생 기업으로서 대박을 터트린 셈이었죠.

그러나 호사다마(好事多魔)라고, 나중에 세무서로부터 유통실사를 받게 됩니다. 개인사업자로서 한 거래처로부터 그 많은 금액의 매출계산서를 발행한 게 의심스럽다는 이유였습니다. 거래금액을 부풀려 가짜 세금계산서를 발행한 게 아니냐는 거였습니다. 세무서에서 서류를 모두 압수해 아무 일도 할 수 없었습니다.

나중에 혐의가 없다고 결론 났지만 이 사건을 계기로 커피머신과 제빙기만 취급하기로 마음먹었습니다. 주방분야는 워낙 품목이 많아 관리하기 힘들고 허심청 같은 대형거래가 지속된다는 보장도 없었기 때문입니다. 깜냥만큼 하되 전문성을 강화하기로 한 거죠.

레스토랑, 골프장, 고속도로휴게소 등으로 확대

현재 취급하는 브랜드가 10여 종으로 상당히 많은데요. 해외거래처는 어떻게 발굴했나요.

우선 아직 한국에 진출하지 않았지만 해외 전문지에 광고를 내고 있는 업체들을 살폈습니다. 그리고 스위스, 네덜란드, 미국 등을 돌며 업체들과 미팅을 했습니다. 이 과정에서 현지 커피시장을 자세히 들여다볼 수 있었는데, 머지않아 우리나라 커피시장도 원두커피로 재편되리라는 확신을 얻었어요. 스위스 쉐러(Schaerer, 전자동 커피머신), 네덜란드 브라빌러(Bravilor, 필터드립 커피머신), 미국 콜드 드래프트(Kold Draft, 제빙기) 등이 그때 인연을 맺은 업체들입니다.

전시장이 따로 있었나요? 고가의 장비라 실물을 보여주지 않으면 영업하기 힘들었을 텐데요.

몇 년 간은 전시장은 엄두도 못 냈고, 해오던 대로 카탈로그만 갖고 영업을 했습니다. 계약을 하면 해외거래처에 발주하는 방식이었지요. 그렇지만 1990년대 들어 커피머신 수입업체가 늘어나 경쟁이 치열해졌습니다. 카탈로그 영업의 한계를 절감했지요. 전시장과 재고물량이 필요했습니다. 승부를 걸어야 했습니다. 은행 문턱은 높았고, 사채를 얻어 전시장을 마련하고 재고를 확보했습니다.

배수진을 쳤으니 피가 마르는 시간들이었지요. 많이 파는 수밖에 없었습니다. 호텔뿐 아니라 신규 수요처를 찾아 나섰습니다. 레스토랑, 골프장, 고속도로 휴게소, 커피전문점 등으로 영역을 확대했습니다. 지금이야 에스프레소를 기초로 한 커피메뉴가 다양하고 커피머신도 자동, 반자동머신이 일반적이지만, 1990년대 중후반까지 업소용 커피머신은 필터드립 커피머신이 주류였습니다. 커피를 많이 내려놓고 판매하는 방식이었지요. 이후 반자동 커피머신 시장이 형성될 즈음 프랑스 콘티(Conti) 제품을 들여오기 시작했습니다.

㈜두잉인터내쇼날은 1993년 대보실업에서 바뀐 이름인데요. '두잉'이라는 상호는 어떻게 지은 것인지.

법인으로 전환하며 상호를 바꿔야 했습니다. 법인상호는 개인사업자와 달리 제약이 많았습니다. 한글, 한자, 영어명이 기존 등록 상호와 겹치지 않아야 했죠. 두 번이나 반려되어 애를 먹었습니다. 고민, 고민하다 '잉(剩; 남을 잉)'이란 한자가 떠올랐어요. '되로 주고 말로 받는다'는 속담도 생각났습니다. '말'은 한자로 '두(斗)'입니다. 둘을 합하니 '두잉(斗剩)'이 되었습니다. 고부가가치를 만드는 기업이 되겠다는 뜻입니다. 영문으로는 'Doing'으로 했는데, 항상 깨어있는 회사가 되겠다는 의지를 담았습니다. '인터내쇼날'은 인터내셔널로 표기하는 게 맞지만 '셔'의 어감이 밖으로 세는 듯해 모아지는 느낌의 '쇼'로 했고요.

순항하던 사업이 1997년 IMF 외환위기 때 큰 어려움을 겪었겠지요?

이르다 뿐일까요. 절체절명의 갈림길이었죠. 신용장으로 장비를 수입해 판매한 후 결제하는 방식으로 운영했는데, 순식간에 1달러당 환율이 8백원에서 2천원 가까이 올랐어요. 돈을 보태 대금을 지불해야 하는 상황이었습니다. 그동안 벌었던 건 고사하고 회사 문을 닫아야할 판이었어요. 지금도 그때를 떠올리면 끔찍해요. 저희만 그런 게 아니라 당시 커피머신 수입업체 모두가 이런 형국이었습니다.

　금융권에 있는 지인에게 자문을 구했더니 수입 신용장을 폐쇄하고, 그때그때 현금으로 장비를 들여오라고 하더군요. 오른 환율에 맞춰 가격을 조정하고, 해외거래처에는 대금지급 시기를 최대한 늦춰 달라고 부탁했습니다. 그동안 쌓인 신뢰 덕분에 해외거래처도 이를 받아들였습니다. 두 배 이상 가격이 올라 신규판매는 미미했지만 부담이 줄고 기존 고객에 대한 AS를 꾸준히 이어가갈 수 있었습니다. 오로지 '버텨야 한다'는 마음뿐이었습니다.

사업초기부터 구축한 AS 시스템

그렇게 외환위기의 고비를 넘겼군요. 이후 2000년대 들면서 우리나라 원두커피 시장이 부흥기를 맞게 되는데요. 두잉인터내쇼날에게도 전환점이라 할 수 있겠네요.

　커피머신 고객은 당장의 가격만 따지는 게 아니라 지속적인 유지관리에 대한 욕구가 큽니다. 이에 저희는 커피머신 사업 초기부터 AS 시스템을 구축했고, 이는 두잉의 경쟁력이 되었습니다.

결정적인 전환점은 1999년 7월 스타벅스가 국내에 상륙하면서부터입니다. 7개 스타벅스 매장에 커피장비를 공급했고, AS를 맡았습니다. 1998년에는 네슬레가 시작한 '카페 네스카페'에도 커피장비를 공급하기 시작했습니다. 2000년대 들어서는 엔제리너스, 던킨도너츠도 저희 파트너가 되었습니다. 현재 3,000여 개 프랜차이즈 매장과 7,000여 개 개인 및 기타 매장을 관리하고 있습니다. 전국 지사망을 갖추고 24시간 이내의 서비스를 목표로 업계 최대 규모의 AS 센터를 운영하고 있어요.

전담요원 몇 명만으로는 24시간 이내 서비스를 제공하기가 쉽지 않을 텐데요.

매출처가 많아지는 만큼 AS 수요도 늘어날 수밖에 없지요. 얼마나 빠르게 AS에 대처하느냐가 회사 성장의 관건이라고 보았습니다. 사업초기부터 직원교육에 많은 시간을 투자한 이유입니다. 부서에 상관없이 모든 직원을 커피머신전문가로 육성했습니다.

카페에서 커피머신의 비중은 절대적입니다. 고장이 나

면 영업을 못합니다. 고장의 원인은 기계 자체의 결함도 있겠지만 대부분 조작 미숙, 소모성 부품 때문이지요. 빠르게 AS에 대응해야 매장도 살고, 궁극적으로 커피산업 발전에도 기여하는 것이겠지요.

커피교육 붐 마중물 역할

커피머신 사업은 엔지니어링뿐 아니라 커피에 대한 지식도 필요합니다. 사업초기였던 1990년대 초에는 원두커피에 대한 정보가 많이 부족했을 텐데….

커피를 배울 만한 곳이 없었지요. 영어는 좀 했으니 외국서적을 보며 커피를 공부했습니다. 그래도 한계가 있어 1994년 SCAA(미국스페셜티커피협회)에서 진행한 2주 커피교육과정을 수료했습니다. 생두, 로스팅, 추출 등 커피를 깊이 있게 이해할 수 있는 기회였습니다. 이를 바탕으로 커피교육 자료를 만들어 영업에 활용했습니다.

그렇게 쌓은 커피지식은 훗날 커피교육기관 설립에도 마중물 역할을 한 셈인가요?

2001년 국내에서 처음 개설된 경희대 커피교육과정을 만드는 데 주도적으로 참여했습니다. 문준웅, 이정기, 허형만 등 커피전문가들이 강사로 참여했습니다. 제 아내가 1기 과정을 수료했습니다. 저는 커피장비교육을 맡았습니다. 강의할 때마다 경희대 수원캠퍼스까지 콘티 반자동커피머신을 가져갔어요. 머신을 설치하느라 고생 좀 했지만 수강생들의 열의가 대단했습니다. 그만큼 커피교육에 목 말라했다는 걸 확인했습니다.

2002년 한양대 커피교육과정 개설에도 참여했습니다. 이후 대학에서 커피교육과정 개설 붐이 일었어요.

바리스타라는 직업이 신종직업으로 부상하면서 바리스타 학원도 잇따라 문을 열었습니다. 커피교육사업 기반이 어느 정도 조성되자 커피교육기관들이 모여 2005년 9월 한국커피교육협의회(현재 한국커피협회)가 창립됩니다. 몇 년 동안 저희 회사 건물 5층에 협회 사무실이 있었어요. 창립멤버로 참여했고, 현재는 고문으로 활동하고 있습니다.

운명적인 만남, 준비된 만남

1980년대 초반부터이니 커피머신과 함께 해온 세월이 40년이 가까워 오네요. 사업체를 꾸린 지도 30년을 넘겼습니다. 관통해온 시간이 우리나라 커피 비즈니스 역사이기도 하겠지요. 감회가 어떤가요.

누구나 그렇겠지만 사회생활을 시작했을 때가 아직도 생생해요. 고등학교를 졸업하고, 집안 형편 탓에 대학진학은 못하고 직장을 구하고 있던 때였습니다. 남대문시장이었는데, 한 외국여성이 길을 묻더군요. 유창하진 못해도 학교에서 배운 영어실력으로 나름 성심껏 길을 안내했습니다. 그것도 성이 안 차 길잡이를 해서 목적지까지 동행했어요. 이런 저런 이야기를 하다 제가 일자리를 찾고 있다는 걸 알게 된 그녀는 "영어도 잘하고, 길을 안내해줘 고맙다"며 며칠 뒤 전화하라고 연락처를 남겼습니다.

며칠 망설이다 전화통화를 했는데, 동두천 미2사단 PX에서 일해보지 않겠냐고 하더군요. 그녀의 남편이 미2사단 장교였던 겁니다. 군대에 갈 때까지 그곳에서 일했고, 이 경험 덕에 군대에서 통역병으로 근무했어요. 난생 처음으로 헬기도 타봤지요. 군 복무를 마치고 사업의 꿈을 품고 대학에도 진학해 경영학을 전공했습니다. 군에서 익힌 영어실력으로 무역회사에 들어갔고, 이후 무역사업도 할 수 있게 되었습니다. 참, 운명적인 만남이었죠.

> "운명적인 만남은 잇따랐습니다.
> 지금까지 이어진 해외거래처,
> 실물도 안 보고 저만 믿고 비싼 장비를
> 사주었던 고객들, 그리고 늦은 밤까지
> AS를 해온 직원들이 그렇지요.
> 오늘의 두잉을 만든 주인공들입니다.

이후로도 운명적인 만남은 잇따랐습니다. 지금까지 이어진 해외거래처, 실물도 안 보고 저만 믿고 비싼 장비를 사주었던 고객들, 그리고 늦은 밤까지 AS를 해온 직원들이 그렇지요. 오늘의 두잉을 만든 주인공들입니다.

마지막으로 커피업계 종사자들에게 해주고 싶은 말이 있다면요.

'만남을 준비하자'입니다. 저도 항상 맘에 담아두는 말입니다. 만남이 없다면 이야기도 없겠지요. 그러나 준비가 안 된 만남은 그저 스쳐가는 것일 뿐입니다. 이를 위해서는 항상 깨어있어야겠지요. '두잉(Doing)'이라는 이름처럼 말입니다.

[after **interview**]

이해하기 힘들었던 말도 시간이 지나면서 이해되는 경우가 많다. 20년 전 커피 문외한이었던 내게 그가 풀어놓은 커피업계 이야기는 허공에 맴돌았다. 하지만 이후 커피업계를 취재하며 조각난 퍼즐이 맞춰졌다. 지난 20년 동안 한국 커피시장은 상전벽해라 할 만큼 급성장했다.

20년 후 박 대표와의 인터뷰는 1980~90년대 우리나라 커피산업의 역사를 돌이켜볼 수 있는 기회였다. 인터뷰 중간 박 대표는 이런 저런 자료도 보여주었다. "버릴 건 버려야 하는네, 이기 함 봐요."

책장에 꽂혀있던 자료들이었지만 스며든 세월의 햇살에 바랜 상태였다. 그가 지나온 시간을 증명하는 자료들이다. 버린다고 말하지만 결국 버리지 못할 재산목록 1호라 할 만하다.

㈜두잉인터내쇼날 주요 연혁
www.doing.co.kr

1987	대보실업(주방기계 및 기기 설치 전문기업) 창립
1993	㈜두잉인터내쇼날 상호 변경
2003	엔제리너스커피에 콘티(CONTI) 반자동 커피머신 공급계약 체결
2006	던킨도너츠에 쉐러(SCHAERER) 전자동 커피머신 공급계약 체결
2013	콘티 반자동커피머신, 1급 바리스타 고사장 공식머신 지정 스타벅스에 터보쉐프(TURBOCHEF) 오븐기 공급계약 체결
2015	A/S 서비스 전용 콜센터 구축
2016	해피랜드 프랜차이즈 TAP PLAY에 콘티 반자동 및 기타 머신 공급계약 체결
2017	현대그린푸드 커피머신 공급(2015년부터)

1970~80년대 국내 커피시장

1970~1980년대 국내 커피시장은 인스턴트커피의 시대였다. 구체적으로 말하면 '맥스웰', '맥심'으로 잘 알려진 동서식품이 주도했다고 봐도 무리가 아니다. 1968년 설립된 동서식품은 정부 차관 150만 달러와 자기자본금 1억 원으로 1970년 경기도 부평에 공장을 건설하고, 미국 제너럴푸드사와 합작해 맥스웰하우스라는 브랜드로 인스턴트커피를 생산하기 시작했다. 국내 최초였다.

동서식품이 이끈 인스턴트커피 전성시대

1974년에는 커피프림 '프리마'를 개발하고, 이를 바탕으로 세계 최초로 커피믹스를 출시했다. 커피, 설탕, 프림을 한 봉지에 담아 간편하게 커피를 즐길 수 있게 해 커피대중화를 이끌었다. 다방을 중심으로 시장이 확대되었다. 1980년에는 동결건조(freeze-dried) 공법으로 만든 '맥심' 커피가 탄생한다. 1/1000기압 이하의 진공상태에서 저온(보통 50~70℃ 이하) 건조함으로써 향기성분의 손실을 최소화했다. 동결건조 커피는 기존 분무건조 커피(일명 자판기 커피)를 압도하며 인스턴트커피 시장을 주도했다. 동결건조 커피로 만든 스틱형 커피믹스는 1987년 선보인다. 조제커피로 불리는 커피믹스는 현재에 이르기까지 막강한 매출을 구가하고 있다. 2011년에는 동결건조 인스턴트커피에 미세하게 분쇄한 원두커피를 코팅한 '카누'를 출시했다.

20년 가까이 독점구도였던 인스턴트커피 시장이 1987년 한국네슬레의 가세로 경쟁체제가 되었다. 한국네슬레(2014년 롯데와 합작, 롯데네슬레코리아로 변경)는 '테스터스초이스'로 한때 동서식품의 자리를 위협하기도 했지만 2010년 커피시장에 진출한 남양유업에 밀렸다. 커피믹스를 포함해 현재 인스턴트커피(액상커피 제외) 시장에서 동서식품의 점유율은 80% 이상이다. 50년 이상 압도적인 우위를 지키고 있다.

최초 국내 제조 'MJC 커피'와 원두커피전문점 '난다랑'

그렇다면 1970~80년대 국내에서 생산한 원두커피는 없었을까. 국내 업체가 만든 첫 커피는 원두커피였다. 동서식품보다 앞서 1968년 미주산업이 원두커피 'MJC 커피'를 생산했다. 관광업소, 다방 등에 원두커피를 판매했다. 1976년에는 레귤러커피(2파운드; 약 0.9kg)의 다방 공급가격을 기존 4,300~5,000원에서 3,922원으로 내린다고 홍보하기도 했다. 미주산업은 1989년 미원(현 대상)에 인수된다.[15]

인스턴트커피가 대세였지만 몇몇 커피마니아들이 원두커피를 전파하려고 애썼다. 대표적인 곳이 1979년 서울 동숭동에 문을 연 '난다랑'이다. 1980년대 중반까지 한 때 분점이 70개에 달했지만 10년을 넘기지 못했다. 당시 난다랑 비엔나커피 한 잔이 1,700원이었다고 한다. 당시 짜장면 한 그릇이 500원이었으니 꽤 비싼 편이라 수요가 적었기 때문이다. 다방에서 커피에 담배가루를 섞어 팔다가 적발되었다는 '꽁초커피' 뉴스가 때때로 보도된 것도 원두커피 수요확산의 걸림돌이었다.

1980년대 후반 쟈뎅, 사카로 대표되는 원두커피전문점이 속속 등장했지만 인스턴트커피로 대표되는 다방커피의 위세를 이겨내지 못했다. 그러다 1999년 7월 스타벅스의 국내 상륙을 기점으로 원두커피전문점은 기지개를 켠다. 더욱이 '카페'라는 이름을 달고 생활 속으로 깊숙이 들어오기 시작했다.

---

15) 〈헤럴드경제〉 헤럴드포토, "'인스턴트커피'의 추억, 1970년대 커피 본격적 대중화", photo.heraldcorp.com/ptview.php?ud=20160707161438AUI8110_20160707162209_01.jpg.

04

커피, 혼을 담아…카페,
긴 호흡으로

차명원 | ㈜주노커피 대표

커피, 혼을 담아…카페, 긴 호흡으로

2012년 3월, 한국커피연합회가 사단법인으로 새롭게 출범한다는 소식을 들었다. 한국커피연합회 창립을 주도했던 사람들이 떠올랐다. 현판식 날짜에 맞춰 축하의 마음을 전하고 싶었다. 화환을 보낼 주소를 찾으러 홈페이지에 접속해 협회 구성원 면면을 보니 익숙한 이름들이 많았다. 그렇지만 회장 이름이 낯설었다. ㈜주노커피(www.junocoffee.com) 차명원 대표였다. 회사주소가 광주광역시였다.

이후 연합회가 주최하는 커피엑스포에서 그와 인사를 나눴다. "우리 예전에 만난 적 있다"며 반가워했다.

"그랬던가요? 기억이 잘…."

"2002년쯤이었을 겁니다. 업무차 두잉인터내쇼날 사무실을 방문했는데, 그때 손 대표를 봤어요. 박정수 대표님 인터뷰하러 왔다고 들었어요."

잠깐 스친 만남이었지만, 그는 기억하고 있었다. 내 기억력을 탓할 수밖에 없었고 송구했다.

전시장 주노커피 부스에는 혼(魂)이라는 글자가 크게 적힌 포스터가 눈에 띄었다. 주노커피가 만드는 '쏘울카페' 커피를 알리는 내용이었다.

'혼(魂)과 호흡.' 주노커피가 걸어온 시간은 두 단어로 압축된다. 혼을 담은 커피를 만들기 위해 노력했고, 긴 호흡으로 미래를 준비해왔다. 1992년 원두커피의 불모지나 다름없던 국내, 더욱이 호남지역에서 원두커피 유통업으로 출발한 주노커피는 1997년 12월 커피 로스팅을 시작하며 커피를 '운명처럼' 받아들였다.

"큰 회사로 불리기보다 건강한 커피를 만드는 회사, 비생산적이라 해도 최고의 커피를 위해 고집을 부리는 바보 같은 회사로 불리기 바랐습니다. 누구도 알아주지 않고 무시하더라도 그 일들을 해보고 싶었습니다."

주노커피는 테이크아웃 커피전문점이 태동하던 2000년 7월 광주에서 커피체인점 '케냐에스프레소'로 돌풍을 일으켰다. 커피 제조뿐 아니라 20년 동안 카페창업 분야에서 노하우를 축적했다. 임대료뿐 아니라 임금도 오르고 있는 상황에서 성공적인 카페창업과 운영 방법을 제시하고 있다.

주노커피는 또 2005년 호남 최초로 무료 커피아카데미를 개설하고, 1회 광주 바리스타 챔피언십을 개최하는 등 커피문화를 전파하는 데도 힘썼다. 한 기업으로서의 성장에 안주하기보다 전체 커피산업을 키우기 위한 포석이었다.

차 대표는 2011년 12월, 한국커피연합회의 7대 회장을 맡았고, 2012년 5월까지 1년 6개월 동안 연합회가 새롭게 도약하기 위한 발판을 마련했다. 2012년 3월 임의단체에서 사단법인으로 전환해 국내 커피산업을 대표하는 조직으로 성장할 수 있도록 했다. 4월에는 코엑스와 함께 서울 커피엑스포를 주최했다. 이후 서울 커피엑스포는 한국을 대표하는 커피 전시회로 자리잡게 된다.

'남이 하지 않은 일' 원두커피 유통

1992년에 창업을 하셨는데, 대표님 나이를 따져보면 20대 청년 때이니 일찍 사업을 시작한 거네요.

실제 사업을 시작한 건 1991년이었어요. 대학 졸업 후 1989년 광주시청 공무원으로 사회생활을 시작했고, 만 2년 정도 근무하다 1990년 말에 사직했어요. 처우에 대한 불만이라기보다는 제 성격에 맞지 않았어요. 틀에 박힌 생활이 답답했습니다. 지금 청년들에게는 배부른 소리로 들리겠지만….

개인 사업을 해보자 마음먹고 1991년 1월 시작한 게 호프집이었습니다. 장사는 잘 되었어요. 그렇지만 몇 개월 만에 그만 두게 됩니다. 그해 결혼을 했는데, 처가에서 사위가 술장사하는 걸 좋게 보지 않으셨어요. 고민 끝에 가게를 접고, 장인어른 추천으로 한 중소기업 관리직으로 들어갔습니다. 그러나 거기도 몇 달 만에 그만 둡니다. 이미 마음은 샐러리맨으로 돌이키기에는 한참 떠나 있었던 거지요.

이후 원두커피 유통업을 시작한 건가요?

1992년 회사설립 후 1년 여 동안 시행착오를 겪습니다. 처음엔 마케팅이 취약한 중소기업 제품을 한데 모아 판매하는 사업을 준비했습니다. 지금으로 치면 '다이소' 같은 거라 할 수 있겠네요. 그러나 의욕이 앞섰어요. 실제 준비를 하다 보니, 참여할 사업자를 모집하고 상품을 갖추는 일이 사업초년생으로선 감당하기 힘든 수준이었습니다. 당시 물류시스템도 낙후되었고, 새로운 시장을 만드는 일이 매우 힘들다는 걸 절감했습니다.

새로운 아이템을 찾아야 했습니다. 그러다 1993년쯤 한 방송국에서 원두커피 세미나를 열었는데, 그 방송국에 다니는 친구가 초대장을 보내줘 참석하게 됩니다. 장소가 서울 강남 인터콘티넨탈 호텔이었어요. 세미나를 들으며 원두커피는 한번 해볼만 하다는 생각이 들더군요.

'남이 하지 않는 걸 하자'는 건 샐러리맨 생활을 그만 두 이유이자 사업을 시작한 목표이기도 했습니다. 판매전문업은 중도에 포기했지만 원두커피는 이제 한국에서 시작되는 아이템이라 지금부터 공부하면 성공할 수 있겠다 여겼습니다. 당시 원두커피를 파는 커피전문점이 붐을 일으키고 있었습니다. 조만간 지방에도 원두커피가 활성화되리라 전망했고요. 재미교포 사업가와 인연이 닿았고, 그를 통해 원두커피를 수입했습니다. 커피공부도 그때 시작했지요. 국내에는 자료가 없어 재미교포사업가가 팩스로 보내준 커피의 역사, 추출법, 산지 등 관련 자료를 번역해 커피지식을 쌓았습니다.

헤이즐넛커피의 시대

당시 원두커피는 헤이즐넛커피라 해서 원두커피에 헤이즐넛 향을 입힌 커피가 대세였습니다. 그렇지만 지방까지 전파되기까지 시간이 더 걸렸을 텐데요. '헤이즐넛'이라는 이름조차 생소했을 테고요. 어떻게 영업을 하신 건가요?

여대생 아르바이트를 활용했습니다. 2인1조로 매장을 돌며 헤이즐넛커피를 주문하게 했어요. 그러면 대부분 처

> 커피공부도 그때 시작했지요.
> 국내에는 자료가 없어
> 재미교포사업가가 팩스로 보내준
> 커피의 역사, 추출법, 산지 등
> 관련 자료를 번역해 커피지식을
> 쌓았습니다.

음 듣는 소리라는 반응이었습니다. 다음에 다른 조가 방문해 또 다시 헤이즐넛커피를 주문하고, 한 번 더 다른 조를 방문하게 했습니다. 이렇게 세 번, 손님들이 헤이즐넛커피를 찾는다는 걸 인지시킨 후 제가 방문합니다. 이런 커피가 필요하지 않냐며 샘플을 드리면 십중팔구 반기는 표정이었습니다. 커피 샘플, 여과지, 드립용품을 전달하면 영업 성공이지요.

이후 아르바이트생을 다시 매장에 보내 헤이즐넛커피를 세 번 사먹게 했습니다. 꼼수일 수 있지만 결과적으로 이렇게 거래를 시작한 매장들은 매출이 크게 늘었습니다. 그전과 전혀 다른 커피에 소비자들이 환호했기 때문입니다. 머지않아 헤이즐넛커피가 없으면 안 되는 분위기가 만들어졌지요.

'꿩 잡는 게 매'라는 속담처럼 영업이 주효했네요. 영업력은 발품에 비례한다는 말이 떠오르기도 합니다.

시행착오를 겪으며 시간을 흘려보냈고 현금으로 커피를 수입했으니 빨리 영업을 해서 팔아야 했어요. 그렇지만 간신히 커피숍 사장을 만나 설득해도 반응은 차가웠어요. 하루하루가 초조했습니다.

그렇지만 궁하면 통한다고 하잖아요. 어느 날 사무실에서 커피숍 영업을 한 뒤 갖고 나온 성냥이 눈에 띄었어요. 당시 커피숍은 판촉용으로 상호가 적힌 성냥을 무료로 줬거든요. '이렇게 납품을 파는 건 의미가 없다, 손님이 헤이즐넛커피를 찾는다는 걸 느끼게 해야 한다. 아르바이트생을 통해 이 커피를 주문하게 하고 성냥을 갖고 오면 아르바이트 비용을 지불하자'는 아이디어가 떠올랐습니다. 자금여력이 없었지만 승부수를 걸었던 셈이죠.

다행이 효과를 봤고, 매출이 늘어나기 시작했습니다. 거래처도 커피숍뿐 아니라 백화점, 호텔 등으로 확대되었습니다. 순풍에 돛단 듯 사업은 잘 되었습니다. 그러다 1997년 IMF 외환위기 때 큰 위기를 겪게 됩니다.

전화위복, 커피 로스팅

∵ **외환위기의 파도는 주노커피도 비켜가지 않았군요.**

광주호남 최대 유통기업은 지역 토박이 백화점이었습니다. 저희도 이곳에 커피를 공급했습니다. 당시 그 백화점은 광주시 주월동에 백화점을 신축하고 있었는데 금융권

대출금 회수 압력에 못 이겨 2019년 9월 19일 부도를 냅니다. 우리나라가 IMF에 구제금융을 신청한 날이 12월 3일이었으니, 그보다 2개월 여 전이었어요. 백화점에 대출해 준 금융기관 중 해외 홍콩은행도 있었는데, 그곳에서 대출을 중단한 게 결정타였어요. 한국의 외환위기를 미리 감지한 거죠.

저희는 백화점의 자금난으로 이미 1월부터 대금을 못 받고 있었습니다. 설마 부도까지 날까 했지만 설마가 사람 잡은 거죠. 기존 거래처에 원두커피를 계속 공급할 수도 없었어요. 백화점 대금도 못 받았고, 환율도 너무 올랐기 때문이죠. 회사는 휴업할 수밖에 없었습니다.

회사 연혁을 보면 1997년 원두커피 제조라고 되어있던데, 외환위기 때 커피 로스팅을 시작한 건가요?

10년을 못 채우고 문을 닫는 게 너무 자존심이 상하더군요. 커피수입이 힘들어지자 앞서 말한 재미교포가 이참에 직접 로스팅을 해보라며 로스터기를 보내줬어요. 디드릭(Diedric)사 12kg 짜리 기기였습니다. 일단 해보자며 그동안 익힌 지식을 떠올리며 혼자 연습했습니다. 이번에도 궁하면 통한다고, 해보니 되더라고요.

헤이즐넛커피를 시작했을 때처럼 홀로 영업을 했습니다. 영업 대상은 소매점이 아니라 도매상이었습니다. 원두커피를 거의 수입하지 못해 국내 로스팅 커피가 시장에 퍼지기 시작하던 때였고, 국내 업체가 드물었던 터라 조금씩 판매량이 늘어났습니다. 외환위기의 파도를 넘어가나 싶었지요.

그렇지만 좋은 일만 있었던 건 아닙니다. 또 다른 문제가 발생했어요. 한 도매상에서 3천만 원어치를 만들어달라며 선금으로 1천만 원을 줬는데, 한번 거래가 정상적으로 이뤄지니 다음에는 전액 외상으로 만들어달라고 요청하는 겁니다. 그러다 보니 미수금이 계속 쌓이는 구조였어요. 밤을 새며 커피를 볶아도 정산해보면 손에 쥔 돈이 없는 겁니다. 이래선 안 되겠다 싶었어요.

그러던 중 1999년 7월 스타벅스가 우리나라에 서울 신촌 이대 앞에 첫 점포를 엽니다. 그리고 명동점을 오픈했는데, 그곳을 방문해서 테이크아웃으로 커피를 사가는 사람들의 모습을 처음으로 본 거예요. 고환율 여파가 가시지 않았던 때라 커피 한 잔이 8~9천 원이나 했는데도 손님들이 바글바글했어요. 깊은 인상을 받았습니다. 메뉴판을 보니 에스프레소를 기반으로 한 카페라테, 마키아토, 콘파냐 등 다양한 베리에이션 커피음료가 눈에 띄었습니다. 이들 메뉴는 이미 익혀둔 상태여서 직접 매장을 운영해보자며 사업계획서를 준비했습니다.

호남지역에 불었던 '케냐에스프레소' 바람

'케냐에스프레소'가 이때 탄생한 거군요.

그렇습니다. 사실 서울에서도 에스프레소는 대중화되지 않았던 때였는데, 지방은 말할 것도 없지요. 그렇지만 기존 도매유통의 한계를 절감하던 때라 일단 테스트 숍 형태로 2000년 8월 1호점을 열게 됩니다.

1호점 오픈을 준비하면서 가장 많이 고민한 게 '과연 누가 에스프레소를 마실까'라는 거였습니다. 입맛이라는 게 한번 길들이면 쉽게 바뀌지 않는데, 인스턴트커피에 익숙해지지 않는 계층은 20대에 들어선 사람들이었습니다. 그 중에서 새로운 트렌드에 수용성이 높은 20대 여성이었습니다. 당시 중고등학생에게 커피는 금단의 벽 같은 거였지요. 대학생이 되어 다방에서 호기롭게 커피를 시켜 먹는 모습을 상상하며 공부를 했습니다.

다음 고민은 어디에 20대 새내기들이 많을까였습니다.

당연히 대학가에 많겠지만 임대료가 너무 비싸 포기하고 다음 입지를 물색하다 재수학원이 떠올랐습니다. 임대료도 낮고 우리의 주요 소비층이 많이 있는 곳이었습니다. 그렇게 대성학원(현재 아시아문화전당 부근) 근처에서 '케냐 에스프레소'가 시작되었습니다.

'인내심을 갖고 10년 만 고생하면 이 고객들이 우리의 단골이 될 거다.' 이렇게 이들이 대학을 졸업하고 직장에 들어가면 오피스가로, 결혼해 가정을 꾸리면 주택가로 우리 시장이 넓어지리라 기대했지요.

막상 매장을 오픈했지만 손님들이 에스프레소를 잘 몰라 애를 먹었을 텐데요.

오픈 한 달 만에 인테리어를 바꾸고 '테이크아웃 바(bar)'라는 명칭을 추가했습니다. 시간이 걸리더라도 손님들에게 1:1로 에스프레소를 비롯한 배리에이션 커피를 설명해주자는 콘셉트였습니다. 왜 안 살까 마음을 졸이기보다 시간이 걸리더라도 손님들에게 설명을 해드린 거지요. 노력은 헛되지 않았어요. 시간이 지나자 입소문이 퍼지며 고객이 늘어나기 시작했습니다.

이때 번뜩 떠오른 아이디어가 무료 쿠폰이었습니다. 결

혼할 때쯤 호프집을 했다고 했잖아요? 짧게 끝났지만 수완이 있었는지 장사가 잘 되었습니다. 고맙게 찾아주는 손님들에게 뭔가 보답을 하자며 한 달에 한번 무료로 맥주를 제공했습니다. 그때의 일이 떠오른 거지요. '10%를 돌려주자.'

그래서 한 잔 주문할 때마다 쿠폰을 나눠줬고, 10장을 모아오면 어떤 메뉴든 한 잔을 무료로 제공했습니다. 큰 호응을 얻었습니다. 몇 년 후 가맹점이 150개로 늘고, 한 달에 소요되는 쿠폰을 계산해보니 30만 장이나 되더군요. 광주 인구가 150만 명이니 5명 중 한 명꼴로 케냐에스프레소 쿠폰을 갖고 있는 셈이었어요. 그만큼 인기였습니다.

지금이야 쿠폰이 대중화되었지만 당시로서는 기발한 마케팅이었네요. 그럼 가맹점은 언제부터 늘기 시작했나요.

무료 쿠폰은 단골을 확보하기 위한 전략이었고, 단골고객이 최소 1명은 데리고 올 거라는 믿음이 있었습니다. 그대로 실현되었죠. 불과 몇 개월 만에 케냐에스프레소는 많이 알려졌습니다. 2000년 연말에 단골손님들이 대학 합격했다고 찾아와 입학할 학교 앞에도 가게를 내달라고 요청하기도 했어요. 때마침 한 예비창업자가 가맹점을 하고 싶다고 상담을 했는데 이를 계기로 수익구조를 분석해봤습니다. 비용을 제외한 수익률이 30% 정도였습니다. 이 정도면 괜찮은 창업아이템이라 생각했고, 조선대 앞에 첫 가맹점이자 2호점을 오픈했어요. 이어 전남대 앞에 3호점을 열었습니다. 4호점은 학원가, 대학가를 벗어나 영화관 근처(충장로 제일극장)에서 문을 열었습니다. 이 또한 20대 여성층의 동선을 고려한 입지선정이었습니다.

   가맹점이 늘어나자 이때부터 '네트워킹 쿠폰' 마케팅을 진행했습니다. 어느 가맹점에서 받은 무료 쿠폰인지 상관없이 모든 매장에서 음료로 교환할 수 있게 한 거죠. 이에 소요되는 비용은 본사에서 부담했습니다. 쿠폰 마케팅은 가맹점이 늘어날수록 시너지효과를 발휘했고, 케냐에스프레소는 광주 지역 대표 커피전문점으로 성장합니다. 당시 젊은이들 사이에는 친구가 어디 가냐고 물으면 '케냐가'라고 말할 정도였지요.

   2004년에는 오피스가(금남로)에 직영 2호점을 엽니다. 그 전에 오피스, 주택 상권에 가맹점을 개설해달라는 요청이 있었지만 아직은 시기상조라고 만류해왔습니다. 그래도 요청이 이어지자 테스트를 해보자는 생각으로 오피스가에 직영점을 낸 거죠. 내가 먼저 해봐야 가맹점의 실패를 막을 수 있잖아요.

직영 2호점은 매장 규모가 기존보다 커졌습니다. 손님들이 어느 정도 메뉴를 알고 있다고 판단해 테이크아웃과 홀 서빙을 겸해 '테이크아웃 숍'이라는 이름을 내걸었어요. 이 때 머핀, 쿠키 등 사이드메뉴를 접목했습니다. 넓어진 공간만큼 높아진 임대료를 감당하려면 객단가를 높여야 했고, 이를 위해 사이드 메뉴가 필요했기 때문입니다. 계획대로 객단가가 올라 안정적인 수익구조를 마련할 수 있었습니다. 학원가, 대학가, 오피스가로 이어진 실험에 성공하며 2008년까지 가맹점이 꾸준히 늘었습니다.

바리스타 양성, 커피문화 전파

주노커피는 지방에서는 처음으로 2004년 GBC(광주바리스타챔피언십) 대회를 개최했고, 2005년에는 무료 커피아카데미를 열었지요?

커피전문점 사업이 지속가능하려면 젊은 인재들이 많이 유입되어야 한다고 보았습니다. 2003년 나주대학교(현 고구려대학교)에 커피바리스타학과가 설립된 게 계기였습니다. 저희도 호남 지역 바리스타 양성에 보탬이 되고자 2005년~2006년, 바리스타 대회를 열었습니다. 이후 전국 규모의 바리스타대회가 활성화되어 GBC(광주바리스타챔피언십)가 이어지지는 못했지만 나름 의미 있는 시도였지요.

무료 커피아카데미를 시작한 건 2005년 8월 14~15일 광복 60주년 기념으로 광화문에서 열린 커피 시음행사에 참여한 게 계기가 되었습니다. 많은 시민들이 저희 부스를 찾았고, 샷을 추가해 달라거나 에스프레소로만 달라거나 하는 사람들이 많았어요. 광주에서도 몇 번 시음행사를 진행했지만 이런 반응은 처음이었습니다. 그만큼 서울에서는 에스프레소 문화가 확산되었다는 증거였죠. 반면 광주는 아직 여기에 크게 미치지 못하고 있다는 생각에 광주 시민들에게 에스프레소를 알려주어야겠다고 마음먹었습니다. 아는 만큼 수요도 넓어진 테니까요.

2005년 9월부터 모든 가맹점에 무료 커피아카데미 포스터를 붙이고 수강생을 모집해 본사에서 매주 수요일 교육을 진행했습니다. 에스프레소와 이를 바탕으로 한 메뉴와 함께 유럽 카페문화를 알렸습니다. 교육수료 후 가맹사업을 희망하는 분들도 많았습니다.

원두커피 로스팅에서 새로운 전환점이 된 건 이탈리아 엔리꼬 메스끼니 박사와의 인연일 텐데요. 블렌딩 기술을 전수 받아 탄생한 커

피가 '쏘울카페(Soul Caffe) 시리즈'이죠?

엔리꼬 메스끼니 박사를 만난 건 제 커피인생의 전환점이라 할 수 있죠. 그 분을 통해 얻게 된 지식은 커피인(人)으로서의 가치를 찾게 된 계기가 되었습니다. 메스끼니 박사는 이탈리아 스페셜티커피연합회(CSC)의 공동창립자인데요. CSC는 최고의 커피는 생두에서 시작된다는 믿음으로 최상의 생두를 검증하고 선별하기 위해 만들어졌습니다.

2007년 메스끼니 박사가 방한해 커피세미나를 연 적이 있었는데, 이 세미나에 참석해 그와 인연을 맺게 되었습니다. 실습을 하고 점수를 매겼는데 제가 1등을 했고, 메스끼니 박사도 제게 관심을 보였습니다. 블렌딩 기술을 전수받고 싶다고 하니 흔쾌히 수락했습니다. 2009년 10월 현지에서 계약을 체결했죠.

이후 1년 여 동안 기술 전수를 받아 2010년 탄생한 제품이 '쏘울카페(Soul Caffe) 시리즈'인데요. 갈란떼(Galante), 만깐짜(Mancanza), 쏠리에보(Sollievo), 리뽀조(Riposo) 등 4종을 개발했습니다. 브라질, 과테말라, 페루, 에티오피아, 엘살바도르, 과테말라 등 각국의 아라비카 생두를 블렌딩해 최상의 조합과 향미를 구현했다고 자평합니다.

주노커피는 2009년 3월, 별도 법인으로 케냐에스프레소(주)를 설립했습니다. 커피 프랜차이즈 사업을 제대로 담아내기 위한 포석이었을 텐데, 이후 진행상황은 어땠나요?

제대로 진행되지 않았어요. 별도 법인을 설립하기 전까지는 특별한 가맹조건 없이 주노커피를 공급하는 조건으로 상호를 사용하도록 했습니다. 가맹점이 150개 정도까지 늘어나자 제대로 시스템을 갖추고 프랜차이즈 사업을 해보려고 했습니다. 기존 형태로는 대형 프랜차이즈 브랜드에 잠식될 거라 보고 점주들에게 좀 더 나은 상권으로 이전하길 권했습니다.

그렇지만 한 곳도 움직이지 않더군요. 지금도 잘 되는데 굳이 투자해서 다른 곳에 매장을 열 필요가 없다는 생각들이었습니다. 안타까웠습니다. 머지않아 유리한 입지는 대형 브랜드가 차지할 텐데 말이죠.

'케냐에스프레소'라는 상호가 특정 지명을 사용했다고 상표권 등록이 안 되었던 것도 프랜차이즈 사업에 차질을 빚게 된 원인이기도 합니다. 이때 스트레스를 많이 받았던 것 같아요. 건강이 안 좋아졌고, 일단 몸을 챙겨야 했습니다.

(사)한국커피연합회 이야기를 빼놓을 수 없는데요. 2010년 12월 7대 회장을 맡아 2012년 5월까지 연합회가 새롭게 도약하는 발판을 만들었다는 평가를 받고 있는데요.

1년 여 동안 사업 일선에서 벗어나 지인의 농장에서 건강을 챙겼습니다. 몸을 쓰며 식물과 함께 있는 시간이 좋았어요. 건강도 많이 회복되었습니다. 그러던 중 오랫동안 연합회 회장으로 있던 이세욱 대표님이 더 이상 회장직을 수행하기 힘들다는 이야기를 들었습니다. 1년만 회장을 맡아 연합회를 맡아달라는 권유가 잇따랐습니다. 고민 끝에 2011년 12월 한국커피연합회 7대 회장으로 취임했습니다.

처음에는 조직을 유지하는 일만 하겠다는 생각이었지만 막상 회장을 맡고 보니 달라졌어요. 무엇보다 연합회가 커피산업계를 대표하는 조직으로 발전하기 위해서는 친목단체 수준에서 벗어나야 한다고 보았습니다. 이에 사무국 개설, 사단법인 등록, 수익구조 마련 등 3대 사업을 추진했습니다. 2012년 3월 농림부 산하 사단법인으로 출범했고, 코엑스와 계약을 체결해 2012년 4월부터 매년 서울커피엑스포(CES)와 월드바리스타챔피언십(WSBC)을 개최하기로 했습니다.

사무국이 개설되기 전까지 상임위를 중심으로 사업이

> "카페 경영환경은 2020년 코로나19 사태로 또 다른 전환점에 서있습니다. 비대면의 일상화로 휴게 공간으로서의 카페의 기능은 많이 약화되고, 테이크아웃 기능은 더욱 활성화될 것입니다.

추진되었습니다. 상임위원들이 고생을 많이 하셨지요. 사단법인 출범과 함께 별도 사무실과 사무국을 개설했고, 이사회를 중심으로 조직이 운영될 수 있도록 했습니다. 회장 직선제 선거도 도입했어요. 이 정도면 민주적인 기반으로 조직이 안정적으로 운영될 수 있으리라 판단하고 다음 주자에게 바통을 넘겼습니다.

카페창업 전문기업으로 자리매김

1년 6개월 동안 연합회에서 참 많은 일을 하셨네요. 이후 주노커피는 변화된 시장에 대응하기 위한 기반을 마련했습니다. 커피 로스팅, 카페 프랜차이즈, 커피머신 및 젤라또 머신 유통, 카페창업 교육 등 카페창업 전문기업으로서의 정체성을 강화했습니다. 그동안의 진행과정과 향후 카페 시장에 대한 전망이 궁금합니다.

우선 2012년 11월, 별도 법인 '케냐에스프레소' 상호를 '카페일루이스'로 변경했습니다. '영광스런 전사'를 뜻하는 일루이스는 저마다의 꿈을 위해 열심히 하루하루를 살아가는 모든 사람들이 영광스런 전사이며, 이들에게 쉼터를 제공하겠다는 목표를 담았어요. 상권과 시장상황에 따라 운영형태를 패밀리형(홀 서비스), 스마트형(테이크아웃)으로 이원화했습니다.

임대료와 최저임금 상승, 가격경쟁으로 카페는 갈수록 수익성이 악화되고 있습니다. 커피, 음료 등 기존 메뉴로는 한계가 있어요. 2017년부터 젤라또 머신 사업을 시작한 건 메뉴를 강화해 카페의 매출구조를 개선하기 위해서입니다. 역시 2017년 말, 프랑스 유니크 커피머신과 공식 수입 계약을 맺은 건 인건비 부담을 줄이며 카페 운영효율을 높이기 위해서입니다. 유니크 커피머신은 전문 바리스타 교육을 받지 않아도 안정적이고 일정하게 커피를 추출할 수 있는 게 큰 장점이죠.

카페 경영환경은 2020년 코로나19 사태로 또 다른 전환점에 서있습니다. 비대면의 일상화로 휴게 공간으로서의 카페의 기능은 많이 약화되고, 테이크아웃 기능은 더욱 활성화될 것입니다. 스타벅스가 매장을 줄이고 테이블을 치우기로 한 건 이를 상징합니다.

저희도 고민이 많습니다만 핵심은 초기투자 부담을 최소화하고 카페의 기능을 재구성하는 안목이라 봅니다. 앞으로도 주노커피는 원달러 카페, 토이카페, 팻카페 등 다양한 카페창업 솔루션을 제시할 방침입니다.

[after **interview**]

지금도 차명원 대표를 비롯해 주노커피 직원들과 회식을 했던 때의 기억이 떠오른다. 자리를 파하고 일어설 즈음 누가 먼저랄 것도 없이 남은 음식을 버리기 좋게 하나로 모으고 빈 식기를 차곡차곡 쌓았다. 수저와 젓가락도 한데 모았다. 계산을 끝내고 나가며 식당 주인에게 "잘 먹었습니다"는 인사도 빠뜨리지 않았다. 외식업을 하는 사람의 마음을 누구보다 잘 알고 있음이라. 식당 주인은 감사 인사에 한 번, 치우기 쉽게 식기가 가지런히 정리된 테이블을 보며 두 번 미소를 지었다. "아이고, 세상에나."

차명원 대표는 카페라는 말만 나오면 봇물이 터지듯 오랜 고민의 흔적을 드러낸다. 예비창업자들을 대상으로 2주마다 진행하는 카페창업 세미나가 몸에 배었기 때문일 듯하다. 세미나에서 열정적으로 강의하는 모습이 절로 그려진다. 긴 호흡으로 30년 가깝게 이어온 여정의 흔적도….

㈜주노커피 주요 연혁
www.junocoffee.com

1992	회사 창립. 원두커피 유통
1997	커피 로스팅 시작
2000.08	케냐에스프레소 체인점 개설
2005	제1회 광주 바리스타 챔피언십(GBC) 개최
	호남 최초 무료 커피아카데미 운영
2009.03	별도 법인, 케냐에스프레소(주) 설립
2009.10	이탈리아 엔리꼬 메스끼니 박사와 블렌딩 기술 전수 계약 체결
2012.11	'케냐에스프레소'를 '카페일루이스'로 변경
2017	젤라또 머신 유통사업 진출
	프랑스 유니크 커피머신 독점 공급계약 체결
2021.06	신공장 준공

05
'별똥별 인연'으로 세운 커피머신 기둥

김 황 | ㈜메테오라 대표

'별똥별 인연'으로 세운 커피머신 기둥

김 황 대표를 처음 본 건 2001년 봄, 한국CMS 연제성 대표를 인터뷰하기 위해 방문한 사무실에서였다. 자리를 잡고 앉았는데, 누군가 조용히 일어나 탕비실 쪽으로 사라졌다. 잠시 뒤 '위윙, 쉬익' 소리가 났고, 커피 두 잔이 테이블에 놓였다. 모락모락 커피향이 구수했다. 커피를 가져온 그와 명함을 주고받았다. 당시 회사 막내였고 과장 직함이었던 김 황 대표였다. 몇 마디 말을 나누지도 않았는데 그와의 첫 대면이 생생하다.

한국CMS는 커피머신 수입업체에서 근무했던 4명이 IMF 외환위기 여파로 경영난이 지속되자 1999년 독립해 함께 설립한 곳이었다. 구성원 모두 30대였지만 국내 원두커피 초창기였던 1990년대, 커피머신업계에서 마케팅과 기술 경험을 쌓은 재원들이었다. 김 황 대표는 당시 영업 및 회계담당이었다. 사업자등록증 상 대표를 두었지만 4명이 동일한 지분을 갖고 수익을 나눴다.

당시 에스프레소 문화가 조성되던 시점과 맞물려 한국CMS는 이탈리아 커피머신 가찌아(GAGGIA)를 수입, 유통하며 반자동 머신 붐을 일으켰다. 바리스타라는 직업군이 등장하게 된 배경도 반자동 머신의 보급이 늘어났기 때문이다. 하드웨어와 소프트웨어가 맞물려 한국 커피시장은 2000년대 들어 부흥기를 맞는다.

그렇지만 자본금 500만 원으로 시작한 회사는 항상 자금난에 허덕였고, 회계담당이었던 그는 대금결제를 제때 하지 못한 거래처에 아쉬운 말을 해야 하는 처지였다. 자금이 원활히 돌아가지 않기 다반사였고, 현금서비스로 급여를 해결하기 일쑤였다.

가찌아 머신이 한국 시장에서 반응이 좋자 가찌아 본사는 원하는 곳이라면 어디든 머신을 제공했다. 경쟁이 치열해졌고, 시장은 혼탁해졌다. 한국CMS가 힘겹게 키운 브랜드였지만 제어할 수 없었다. 반자동 커피머신 시장을 선도했지만 한국CMS는 결국 2003년 문을 닫는다. 가찌아도 비슷한 시기에 또 다른 이탈리아 커피머신업체인 세코(Saeco)에 인수되었다. 이후 세코는 필립스 소유가 되었고, 2017년 가찌아와 세코 모두 다시 이탈리아 자판기 제조기업(N&W Vending Spa)으로 주인이 바뀌었다.

"아쉽지만 한국CMS에서의 경험은 이후 창업의 밑거름이 되었습니다. 인큐베이터였던 셈이죠."

김 황 대표는 2003년 하반기 네스코리아라는 이름으로 개인회사를 창업했다. 이제는 모든 걸 혼자 감당해야했지만 '달라코르테'와의 운명적인 만남은 큰 버팀목이 되었다. 2006년 회사는 법인으로 전환해 ㈜메테오라(www.meteora.co.kr)가 되었다. 이후 10여 년간 이탈리아 달라코르테(DALLA CORTE) 커피머신, 안핌(ANFIM) 그라인더를 명품 브랜드로 성장시켰다. 6개 지사망을 갖춰 전국을 커버하는 판매 및 A/S시스템을 구축했다.

달라코르테와의 운명적 인연

우선 궁금한 게 달라코르테와의 운명적인 만남입니다. 신생 기업이었고, 당연히 한국 시장에서 전혀 알려져 있지 않았을 텐데요.

그렇죠. 아무도 모르는 브랜드였지요. 그렇지만 결과적으로 가찌아가 만들어준 인연인 셈입니다. 저를 포함해 4명이 함께 창업한 한국CMS에서 가찌아 브랜드를 자식처럼 키웠는데, 가찌아 본사는 저희랑 생각이 달랐어요. 한국에서 이름이 알려지자 너도나도 러브콜을 부르니 좋았겠죠. 2002년에 가찌아를 수입하는 업체가 8곳에 달했고, 시장은 혼탁해졌습니다. 상도의라는 말은 그저 말뿐인 듯해요.

결국 한국CMS는 분해되었고 저도 2003년 상반기에 개인회사(네스코리아)를 차려 독립했습니다. 비교적 일찍 창업한 셈이지요. 2003년 7월 새로운 아이템을 찾으러 로마 커피 관련 전시회에 갔습니다. 규모가 크지 않은 전시회였는데, 참가업체 중 한 곳이 눈에 띄었습니다. 달라코르테였습니다.

여기서 가찌아 이야기를 또 할 수밖에 없네요. 이탈리아에 간 김에 가찌아에 대한 미련이 남아 가찌아 본사를 찾아갔습니다. 담당자를 만나 난립해 있는 한국 시장의 문제를 이야기 하며 '당신들은 당장 판매량이 많아질 수 있겠지만 중장기적으로 브랜드가 고사할 수 있다'고 했습니다. 혼탁해진 한국 시장을 정리해달라고 요청했지만 우이독경이었어요. 어쨌든 이를 계기로 가찌아에 대한 미련을 완전히 떨쳐버릴 수 있었어요. 오히려 홀가분했다고나 할까요. 이후 머지않아 가찌아는 새코에 인수됩니다.

달라코르테와의 만남이 운명적인 건 이 때문이기도 하지요. 전시장에서 봤던 달라코르테 머신이 계속 떠오르더군요. 이별과 만남이 동시에 이뤄진 것입니다.

비워지니 채워신 셈이네요. 달라코르테는 어떤 면이 인상적이었나요.

전시장에서 커피머신을 진열해놨는데, 다른 곳과 달리 기계 내부를 훤히 들여다볼 수 있도록 해놓은 거예요. 그런데 스팀보일러가 안 보이더라고요. 어떻게 커피가 나오지? 신기했어요. 더욱이 커피도 너무 훌륭하게 추출되는 거예요. 담당자에게 물어보니 기존 방식과 다르게 만들었다고 하더군요. 지금이야 멀티 보일러, 독립 보일러 커피머신이 보편화되었지만 당시에는 그런 시스템은 매우 생소했습니다. 더욱이 한국에는 소개된 적이 없는 브랜드였습니다. 알고 보니 2001년에 창업해 제품 개발을 시작해 처음으로 전시회에 나왔다고 하더군요.

담당자에게 사정 이야기를 했습니다. 몇 년 간 가찌아를 유통하다가 중단했고, 나만 할 수 있는 브랜드를 취급하고 싶다고 말했습니다. 말은 그렇게 했지만 사실 엄두가 나지 않았어요. 자금도 없고, 또 무역은 어떻게 하는지도 몰랐고요. 이런 고민을 내비치자 전시회에 동행했던 업계 사람들이 도와줄 테니 해보라고 용기를 주었어요.

귀국 후에 메일로 연락을 주고받았습니다. 우선 피드백이 빠른 게 맘에 들었어요. 전날 퇴근 시간 쯤 메일을 보내면 아침에 회신이 와 있었어요. 가찌아와 거래할 때와는 전혀 달랐습니다. 믿을 수 있는 곳이라는 확신이 들었고, 귀국 후 2주 만에 다시 비행기를 타고 통역자와 함께 밀라노에 있는 달라코르테 본사를 방문했습니다.

달라코르테는 어떤 회사인가요. 계약조건이 매우 파격적이었다고 들었습니다.

회사이름을 창업자이자 엔지니어인 달라코르테에서 따올 정도로 이 회사는 기술에 대한 자부심이 대단했어

" 2003년 7월 새로운 아이템을 찾으러
로마 커피 관련 전시회에 갔습니다.
규모가 크지 않은 전시회였는데,
참가업체 중 한 곳이 눈에 띄었습니다.
달라코르테였습니다.

요. 달라코르테(2017년 타계) 씨는 커피머신 엔지니어로 명성을 쌓은 장본인이었습니다. 커피머신 개발 역사에서 이정표라 할 수 있는 훼마(FAEMA; 훗날 라심발리가 인수)의 E61(1961년) 모델을 개발했습니다. 이 모델은 지금도 통용되고 있습니다. 그는 2001년 아들과 함께 패밀리 비즈니스를 시작했고, 2003년 로마 전시회에 첫 제품을 선보였습니다.

현지에서 이런 저런 교육을 받으며 결심을 굳혔고, 계약을 체결했습니다. 이름도 생소하고 모양도 썩 마음에 들지는 않았지만 기술력과 독점 거래할 수 있다는 게 큰 매력이었어요. 사실 가찌아라는 이름도 처음엔 생소했잖아요. 모양도 그렇고요. 독점이라면 해볼 만하다 여겼습니다. 달라코르테로서도 제가 첫 거래처였어요. 그것도 수출이었으니 의미가 남달랐을 거예요.

이런 사정 때문인지 계약 조건도 제게 매우 유리하게 해줬어요. 계약기간 3년에 2003년 첫해 5대, 2004년 10대, 2005년 15대를 판매하는 조건이었습니다. 달라코르테는 제 요청사항에 대해 흔쾌히 동의했습니다. 둘 다 신생기업이니 서로의 처지를 잘 이해한 듯합니다.

자금압박, 살얼음판 3년

그야말로 '실전 무역'은 처음이었겠네요.

그렇습니다. 더욱이 당시에 전기안전인증제도가 시행된 터라 관련 서류를 미처 준비하지 못해 통관하는 데 애를 먹었어요. 그렇지만 달라코르테에서 빠르게 서류를 보내줘 통관을 마칠 수 있었습니다. 가찌아와 거래하면서 이탈리아 업체에 대해 갖고 있던 선입견에서 벗어날 수 있었어요. 더욱이 이윤만 따지는 사업가가 아닌, 엔지니어로서의 자세와 책임감을 느낄 수 있었습니다. 단순한 사업 파트너의 관계를 넘어 선 가족과 같은 관계가 되었습니다.

초기 판매물량을 낮게 잡았지만 생소한 브랜드라 판매가 만만치 않았습니다. 달라코르테는 이런 사정을 이해해주었고, 지원을 아끼지 않았습니다. 전시회 참가비용도 그만큼의 물량으로 지원해줬고, 바리스타 대회 스폰서 비용의 50%를 부담해줬어요. 전시회에 자주 참가하니 브랜드가 알려지면서 차츰 판매가 늘어났고, 전날 주문하면 다음 날 바로 선적을 마칠 정도로 빠르게 대응해줬습니다. 커피 전시회마다 참가하고 대회 스폰을 자주 하니 다른 커피머신 수입업체에서 그 배경을 궁금해 했습니다. 이런 저런 지원 내용을 말하니 대부분 의아해 하더군요. 그래서 당신들도 달라코르테 사례를 들며 이탈리아 파트너에게 요청하라고 조언했습니다.

첫해 목표는 달성했나요? 첫 고객도 궁금합니다.

5대 이상 판매하기는 했습니다. 달라코르테 머신이 기존 커피머신보다 비싸 거의 마진 없이 판매했어요. 그래도 가짜아보다 비쌌는데도 고맙게도 한국CMS 때부터 거래를 해온 곳에서 구매를 해줬어요. 부산에 본사를 둔 제이엠커피컴퍼니와 당시 커피전문점 프랜차이즈 사업을 하고 있던 카페컴온, 두 곳이 거의 비슷한 시기에 제 첫 고객이 되었습니다.

첫 통관 때 말고는 무역업무가 그렇게 어렵진 않았어요. 팩스 통신을 원칙으로 했기에 팩스로 주문서를 보내고 인보이스(송장)가 오면 은행에 대금을 입금하면 되었어요. 중요한 커뮤니케이션은 통역자를 통했어요. 판매 대수가 서서히 늘면서 설치, A/S 수요도 늘었지만 인력을 고용할 여력은 없었습니다. 한국CMS 멤버였고, 역시 개인사업(리에스프레소)을 하고 있던 이승훈 대표(현 통합커피교육기관(UCEI) 대표)에게 이를 맡아줄 것을 요청했습니다. 자기 회사 일처럼 참 열심히 해주셨어요.

이후 이승훈 대표와 함께 리에스프레소의 '리'와 네스코리아의 '네'를 합쳐 ㈜리앤네스라는 회사를 설립해 한식구로 일하기도 했습니다. 각별한 인연입니다. 지금까지 제일 고맙게 생각하는 분입니다.

파트너를 잘 만났고, 각종 대회나 행사에 적극적으로 장비를 제공해 브랜드 인지도를 넓히며 판매 대수를 늘려나 갔지만 결국 문제는 자금이었어요. 대수가 늘수록 송금해야 할 자금도 그만큼 커지니 말입니다.

팔려도 걱정, 안 팔려도 걱정이었겠네요.

자금압박이 심했어요. 이런 모습을 보다 못한 지인의 소개로 연리 10%의 이자로 자금을 변통했습니다. 채권자 창고에 물건을 입고해놓고 주문이 들어올 때마다 물건을 가져갔는데, 이것도 오래 못할 일이더군요. 머신 수급은 원활해졌지만 머신을 출고할 때마다 뒤통수가 따가웠습니다. 물건이 나갔으니 바로 결제해달라는 눈치였습니다. 그렇지만 지금도 그 분에게 고맙게 생각합니다. 누구도 이런 조건으로 도움을 주는 사람은 없었습니다.

거래처에게도 최대한 낮은 가격으로 공급했습니다. 안 남기고 하는 장사가 어디 있냐고 하겠지만 거의 마진이라고 할 수 없는 수준이었어요. 신생 브랜드를 찾아준 것에 대한 고마운 마음이었고, 그렇게 하는 게 마음에 편했어요. 집에 갖고 갈 돈은 없었지만….

살얼음판을 걸었던 시간이었습니다. 그래도 금요일 저녁이면 기분이 좋았어요. 일단 다음날 돈 나갈 걱정이 없으니 치킨에 맥주 한 잔 하는 게 큰 즐거움이었습니다. 일요일 저녁이면 우울해졌지만…. 월급쟁이만 월요일이 싫은 게 아니에요.

도약의 발판, 대형 프랜차이즈 커피머신 공급

이런 상황에서 또 다른 인연이 맺어지는데요. 2006년 씨케이코퍼레이션즈(구 중경물산)와의 만남입니다.

당시 커피생두, 로스팅 사업을 하고 있던 씨케이코퍼레이션즈는 커피머신 사업을 검토하고 있었는데, 서로의 마음이 맞았습니다. 앞서 말했듯 자금압박이 심했고, 자금을 빌려 물건을 들여와도 맘이 편하지 않았습니다. 돈 걱정에서 벗어나 좀 편하게 사업하고 싶다는 마음이 굴뚝같았어요. 컨테이너 단위로 주문하면 원가도 절감되니 수익도 늘어날 테고요.

씨케이코퍼레이션즈의 투자를 받아 2006년 ㈜리앤네스를 설립했습니다. 자금 부담을 덜고 공격적으로 사업을 본격화한 계기를 마련한 거죠. 이후 몇몇 프랜차이즈 본사와 거래를 했고, 2007년 카페프랜차이즈인 카페베네의 커피머신 공급자로 선정되면서 큰 전환점이 되었습니다.

경쟁이 매우 치열했을 텐데 어떻게 공급업체로 선정되신 건가요?

사실 이런 정보는 쉽게 얻을 수 있는 게 아닌데, 역시 주변의 도움으로 커피머신 공급업체를 찾고 있다는 이야기를 들었어요. 비싸지만 좋은 머신이라는, 달라코르테에 대한 긍정적인 인식이 큰 도움이 된 듯합니다. 꾸준하게 바리스타대회에 머신을 후원해온 게 바탕이 되었어요.

2003년 가을, 제1회 바리스타대회(KBC)가 열렸는데, 상금도 없고 상품도 없는 거예요. 이제 사업을 시작한 때라 여유가 있을 턱이 있었겠어요? 그래도 처음 열리는 바리스타대회인데 상품이라도 있어야 할 거라 생각해 1그룹 반자동머신을 후원했습니다. 이후에도 꾸준히 바리스타 대회 등에 후원을 했는데, 달라코르테 브랜드 인지도 향상에 도움이 되었습니다. 돌이켜보면 결국에는 결실로 맺어진 듯해요. 헛된 일이라는 건 없지 않을까 합니다.

대형 프랜차이즈업체와 거래를 하려면 전국적인 A/S망이 필요하지 않았나요?

여기서도 좋은 인연이 이어졌습니다. 대리점주님들을 잘 만난 거죠. 중부, 경북, 경남, 호남, 강원, 제주 등 6개 대리점(지사)이 권역별로 머신 설치, A/S를 담당하고 있습니다. 고생하는 것에 비해 설치료가 부족하지만 다른 곳보다 대가를 더 드렸습니다. 고객 컴플레인이 상대적으로 적었다고 자부합니다. 이와 더불어 브랜드 가치도 더욱 올랐고요. 회사가 더욱 성장할 수 있는 기반이 되었습니다.

'유성처럼 뜨겁게'

2009년에 회사명이 메테오라로 바뀌었습니다. 검색해보니 그리스의 유명한 수도원 이름과 같던데요.

그리스에 메테오라 수도원이 있다는 건 나중에 알았습니다. 〈꽃보다할배〉라는 방송 프로그램에서 소개되어 많이 알려졌지요. 덕분에 저희 회사이름도 친숙해졌습니다. 이탈리아어로 메테오라(meteora)는 '유성(流星; 별똥별), 뜨겁다'는 의미입니다. 에스프레소 같은 열정을 상징합니다.

누구나 별똥별이 떨어지는 모습을 봤을 겁니다. 그런데 누군가와 함께 떨어지는 별을 봤을 때의 기억이 더욱 생생하다는 걸 느끼실 거예요. 제가 지금껏 커피사업을 하며 맺었던 인연도 그런 게 아닐까 해요. 별똥별의 인연. 이러고 보니 새삼 회사이름을 잘 지었다는 생각이 드네요.

바늘과 실처럼 커피머신과 뗄 수 없는 게 그라인더입니다. 메테오라의 또 다른 인기상품이 안핌 그라인더와는 어떻게 인연을 맺게 되었나요.

달라코르테의 소개로 안핌 그라인더를 취급하게 되었습니다. 말씀하신 것처럼 반자동 커피머신과 그라인더는 자웅동체 같은 관계죠. 2003년 달라코르테와 계약하고 나서 그쪽에서 그라인더는 어떻게 할 건가 묻더군요. 대부분 커피머신 회사는 그라인더를 함께 제조하지만 당시 달라코르테는 커피머신만 만든다며 안핌을 소개해줬어요. 여기서 또 한번 커피머신 장인기업이라는 인상을 받았습니다.

안핌도 한국에 소개된 적이 없어 생소한 브랜드였지만 장인기업에서 소개한 것이니 신뢰가 갔습니다. 지금이야 달라코르테, 안핌이 커피업계에서 익숙한 브랜드로 인식되고 있지만 초기에는 브랜드 이름을 두고 주변에서 말들이 많았어요. 브랜드는 오랫동안 유지하고 꾸준히 하다보면 자연스럽게 입지를 다지는 게 아닐까 해요.

요즘 커피머신 시장은 어떤가요? 예전보다 자동머신 시장이 크게 성장한 듯한데요. 반자동 머신을 추구하는 달라코르테에 영향이 있지는 않나요.

주 52시간 근무제로 여가시간이 많아지고 홈카페 붐도 조성되며 자동머신 시장이 커지고 있다고 봅니다. 달라코르테는 반자동이지만 자동머신에 가까운 메커니즘을 지속적으로 개발하고 있어요. 디자인 면에서도 많은 혁신이 이뤄지고 있어요.

대표적인 제품이 2015년 10월 이태리 밀라노 HOST 전시회에서 첫 선을 보인 '미나(MINA)'예요. 새로 개발한 특허기술 'DFR(Digital Flow Regulation)'을 탑재한 새로운 방식의 1그룹 에스프레소 머신입니다. DFR은 추출 과정에서 압력을 전자적으로 제어하는 기술입니다. 더 정확하고 완벽한 커피를 추출하는 시스템이죠. 전문 매장은 물론 하이엔드 소비자를 겨냥한 스페셜 머신이라 할 수 있습니다.

달라코르테는 그동안 저희와 마찬가지로 많이 성장했고, 세계 각국에 판매망을 구축했습니다. 유능한 인재를 영입해 꾸준하게 연구개발에 힘쓰며 신모델을 꾸준히 출시하고 있습니다. 창업자가 작고한 후 아들이 가업을 잇고 있는데, 앞으로도 기업철학이 바뀔 것 같지는 않아요.

40대 젊은 회장, 명함 30장

한국커피연합회 이야기로 넘어가보죠. 연합회가 사단법인으로 전환된 2012년부터 5년간 회장(8대~9대)을 맡으셨는데 사단법인으로서의 기반을 다졌다는 평가를 받고 있습니다.

연합회는 2005년 설립되었고, 초기 단계라 회원기업도 많지 않았고 추대하는 방식으로 회장을 선출했습니다. 작고하신 초대 이종규 회장님, 2대~6대 이세욱 회장님, 9대 차명원 회장님께서 애를 많이 쓰셨지요. 2016년에 처음으로 경선투표로 회장을 뽑았어요. 40대 초반의 젊은 나이로 선출된 거라 회원들은 기대도 했지만 걱정도 많았던 게 사실입니다.

사업도 궤도에 오르고 비교적 안정화되었으니 연합회를 키우는 데 힘을 보태는 게 커피업계 분들에게 받은 사랑을 갚는 일이 될 수도 있겠다, 여겼어요. 걱정하는 마음들을 알기에 열심히 해보겠다는 마음뿐이었습니다. 그 마음을 알아주던 모르던….

사실 초창기 멤버로서 꾸준히 연합회 일에 참여하지 않았나요?

연합회 행사위원장 역할을 몇 년간 했습니다. 연합회 주관 바리스타대회를 관장하는 역할이지만 회원 중 막내였던지라 상시적으로 주로 회원들에게 연락하고, 회의일정을 잡는 일을 했어요. 차명원 회장님 재직할 때 제안해서 상근직원 1명을 뽑아 당시 논현동에 있던 저희 사무실에서 연합회 일을 봤습니다.

그런데 회장이 되고 나니 제가 실무를 볼 여력이 없었어요. 연합회가 더욱 규모 있게 사업을 추진하려면 사무국 인력이 보강되어야 한다고 생각해 사무국장직을 신설하고 인재를 영입했습니다. 연합회 살림을 꾸리고 있는 안성모 상임이사입니다. 지금도 많은 분들이 제가 잘한 일로 안 이사를 영입한 걸 꼽아요. 어떤 칭찬보다 기분이 좋은 말입니다. 이후 사무국 인원은 4명으로 늘었고, 추진력 있게 대내외 사업을 펼쳤어요.

그래도 사업하랴 연합회 일 보랴 많이 바빴지요? 사단법인이라는 공적인 조직의 살림을 꾸리는 일에 이런 저런 스트레스도 많았을 테고요.

다른 건 괜찮았는데 회장 맡고 나서 회사가 엄청 성장했다는 말을 소문으로 들었을 때 좀 스트레스를 받았어요. 5년 연합회장을 하면서 명함 100장짜리 2통을 받았는데, 사용한 명함이 30장 정도밖에 되지 않아요. 연합회를 대표해서 대외적으로 사람들을 만날 때 말고는 연합회장 명함을 쓸 일이 없었어요. 업계분들과 만날 때는 회사 명함을 드렸습니다. 사적인 사업에 연합회 직책을 사사롭게 이용하지 말자는 다짐 때문이었습니다.

저는 연합회는 공적인 단체이고 한 개인의 비즈니스를 위한 조직이 아니라고 생각합니다. 한국 커피산업 전체를 발전시키는 데 힘과 지혜를 모으고 실천하는 곳입니다. 그런 생각들이 모여 연합회가 탄생했고, 이런 문화는 연합회를 오늘까지 성장시켜온 원동력이었다고 봅니다. 2021

년 현재 회원사가 160여 곳이고 앞으로도 회원사가 늘어나겠지만 창립 때부터 이어진 이 정신이 이어졌으면 해요.

'베풀면 장수한다'는 초심

초심을 잃지 말자는 말씀이네요. 어느덧 창업한 지 20년이 다 되어갑니다. 지금까지, 앞으로도 간직하고자 하는 초심은 무엇인가요?

지난 시간을 되짚어보면 다 추억으로 남았지만 힘든 시간들이었어요. 그 과정에서 많은 분들의 도움이 있었고, 이를 보답해야 한다는 마음을 늘 갖고 있습니다. '베풀면 장수한다'는 걸 믿습니다. 제 초심이기도 하고요.

사람이 욕심이 없을 수는 없고, 변하기 마련이지만 그래도 많이 변하지 않았다는 말을 듣고 있습니다. 지금까지는 초심을 지켜온 거라 할 수 있겠지요?

단순히 커피머신 기업이 아니라 고객과 끊임없이 소통하고, 당장의 이익보다는 국내 커피산업 발전에 기여하는 기업으로 성장하는 게 메테오라의 목표이자 이념입니다. 이런 차원으로 앞으로도 연합회 행사나 커피업계 발전을 위한 일에 적극 참여할 겁니다.

> 지난 시간을 되짚어보면 다 추억으로 남았지만 힘든 시간들이었어요. 그 과정에서 많은 분들의 도움이 있었고, 이를 보답해야 한다는 마음을 늘 갖고 있습니다. '베풀면 장수한다'는 걸 믿습니다. 제 초심이기도 하고요.

[after **interview**]

김 황 대표는 몇 마디 말을 주고 받다보면 단번에 성격이 가늠된다. 말수가 적어 차분하고, 우직한 느낌이다. 그렇다고 애면글면 속을 끓이는 스타일은 아니다.
"지나간 일을 맘에 담아두지 않아요. 특히 안 좋았던 일은 바로 잊습니다."
한국 커피시장이 이렇게 성장할 줄은 꿈에도 몰랐던 터라 사업초기, 어떤 비전이나 계획을 세울 수도 없었다. 앞서 언급했듯 살얼음판 위를 걷듯 힘든 나날 속에서도 금요일 퇴근 시간이면 소소한 행복을 느끼곤 했다. "일단 일요일까지 돈 나갈 일은 없으니 금요일 저녁에 먹는 치킨과 맥주 한 잔이 기막혔어요."
2003년 시작했으니 창업 20년째를 향해 가고 있다. 메테오라는 한국 시장에서 생소했던 브랜드를 키워 커피머신 업계의 기둥으로 성장했다. 지난 일은 담아 두지 않는다고 했지만 김 대표는 감사했던 기억과 인연을 품었고 때때로 되돌아봤다. 사람들은 지구로 떨어지는 별똥별을 보며 소원을 빌곤 한다. 우주를 떠돌던 돌덩이가 지구 대기권에서 마찰로 빛을 내는 모습은 고압, 고열로 에스프레소 커피가 완성되는 과정과 닮았다. 김 대표는 간혹 새벽하늘에 떨어지는 별을 볼 때면 개인적인 소원보다는 그 인연들을 떠올리지 않을까.

㈜메테오라 주요 연혁
www.meteora.co.kr

2003	네스코리아 설립
	이탈리아 달라코르테, 안핌 독점 수입 계약
2006	㈜리앤네스 설립
2008	㈜메테오라 설립
2011	카페베네 외 다수 프랜차이즈 본사와 공급계약
2013	달라코르테 EVO2 출시
2015	달라코르테 MINA 출시
2016	월드슈퍼바리스타챔피언십(WSBC) 타이틀 스폰 (달라쿠르테 MINA)
	안핌 SCODY & SP-II 출시
2017	WSBC 타이틀 스폰(달라코르테 MINA)
	(사)한국커피협회 바리스타 1급, 2급 실기시험
	공식 그라인더 선정(안핌 SCODY & Caimano)
2018	WSBC 타이틀 스폰(달라코르테 MINA)
	안핌 SCODY & Solida 출시
2019~	WSBC 공식 그라인더 스폰(안핌 Pratica)

아카이브 카페 4

커피머신의 역사[16]

커피추출의 혁명은 커피머신의 발명으로 비롯되었다. 분쇄된 원두커피를 물에 넣어 끓이는 터키식이나 필터로 원두커피 가루를 걸러내는 드립식의 단점은 시간이 많이 걸린다는 것. 커피하우스에 몰리는 손님들에게 신속하게 커피를 제공할 방법이 없을까. 해결의 열쇠는 '증기압'이었다.
1840년에 발명된 버큠포트(사이폰)는 밀폐된 용기에 물을 담고 끓이면 증기압력이 발생해 다른 용기로 이동하고, 가열을 멈추면 원래 용기로 복귀하는 원리를 응용한 것이다. 증기압을 이용한 커피추출법으로, 이후 커피머신 발명의 단초를 제공한다.

베제라의 발명, 가찌아의 혁신

1901년 이탈리아의 루이지 베제라가 처음으로 커피머신을 발명해 특허를 취득한다. 1905년 데지데리오 파보니(Desiderio Pavoni)가 베제라의 특허권을 사들여 베제라의 커피머신을 개선해 카페에 보급한다. 이 머신은 밀폐된 보일러를 가열해 증기압을 1.5기압까지 높여 커피를 추출하는 방식이었다.
그러나 한계가 있었다. 이상적인 에스프레소 추출 온도는 90~96℃인데 1.5 증기압에서는 물 끓는점이 100도를 훌쩍 넘어 쓴맛과 탄 맛이 강했다. 에스프레소의 특징인, 커피의 향미를 유지하고 풍미를 깊게 하는 크레마(미세한 갈색 거품)도 없었다.
에스프레소라는 이름에 걸맞는 커피를 추출하는 머신은 1938년 아킬레 가찌아(Achille Gaggia)에 의해 개발된다. 원리는 간단했다. 레버에 피스톤을 연결해 적절한 온도를 유지하면서도 증기압을 9기압까지 끌어올렸다. 더욱 강해진 압력으로 커피를 빠르게 추출했고, 크레마도 탄생했다. 진정한 에스프레소의 시작이다.

---

16) 참조 : 이승훈, 《올 어바웃 에스프레소》, 서울코뮌(2010).

달라코르테로 시작된 현대식 커피머신

그렇지만 가찌아의 피스톤식 커피머신에도 단점이 있었다. 수동방식이라 바리스타의 숙련도에 따라 온도와 추출 압력이 좌우되었다. 1958년 훼마(FAEMA)의 엔지니어였던 달라 코르테(Dalla Corte)가 이런 문제점을 획기적으로 개선한 커피머신을 개발한다. 반자동 커피머신의 시작점이라 할 수 있는 이 머신은 증기압 대신 수압을 이용한 게 가장 큰 특징. 별도 보일러를 채택(일체형 보일러)해 일정한 온도의 뜨거운 물이 공급되도록 했고 수동 피스톤 대신 전동펌프를 장착했다. 피스톤 레버가 없어 머신의 크기가 작아졌고, 작업능률과 편의성이 한층 높아졌다. 1961년 E61모델로 양산되었고, 현재까지 통용되고 있다.

일체형 보일러 시스템과 별개로 커피머신 메어커들은 꾸준하게 기술을 개발해왔고, 스페셜티커피 붐으로 아라비카 수요가 급증함에 따라 2000년대 들어 독립보일러 시스템을 채택하고 있다. 이 시스템은 그룹마다 소형 보일러를 따로 장착한 것으로, 미세하게 온도를 조절할 수 있다. 로부스타보다 온도에 민감한 아라비카 커피 추출에 최적화된 시스템이다.

한편 바리스타의 수동 작업 없이 자동으로 에스프레소를 추출하는 전자동 커피머신은 1970년대부터 본격 선보이기 시작했다. 커피머신 종주국 이탈리아를 비롯해 독일, 스위스 브랜드가 강세다. 홈카페 시장 및 커피를 접목하는 외식업체의 확산과 더불어 꾸준히 기술발전을 이어가고 있다.

06

바리스타의 씨앗과 뿌리

이승훈 | ㈜통합커피교육기관(UCEI) 대표

바리스타의 씨앗과 뿌리

새로운 산업과 직업의 탄생은 궤를 같이 한다. 20여 년 전 바리스타라는 이름은 생소했다. '바텐더'의 별칭이 아니냐는 오해도 있었다. 그러나 원두커피 시장이 꿈틀대면서 커피를 추출하는 기술과 사람에 대한 관심이 커졌다. 2013년 1회 KBC(Korea Barista Championship) 대회를 시작으로 바리스타 경연대회가 잇따라 열렸고 바리스타 민간자격증 붐도 일었다. 현재 KBC를 비롯해 WSBC(World Super Barista Championship), KNBC(Korea National Barista Championship) 등 많은 바리스타 대회가 열리고 있다. 바리스타 자격증 수는 150여 개에 이른다. 그만큼 바리스타는 뿌리를 내리고 가지를 뻗었다.

㈜통합커피교육기관(UCEI; www.ucei.co.kr) 이승훈 대표는 한국에 '바리스타'의 씨앗을 뿌렸다. 바리스타 대회, 자격증, 교육 분야에서 남긴 발자국이 선명하다. 2003년 처음으로 열린 WBC(World Barista Championship) 한국 예선의 숨은 조력자였고, KBC, WSBC 대회가 정착하는 데 기여했다. 한국커피교육협의회의 바리스타 자격증 개발에 참여했고, 현장 중심의 실기 시험 규정을 만들어 2010년 (사)한국능력교육개발원의 바리스타 실기시험에 적용했다. 2013년 한국산업인력관리공단에서 진행

하는 국가직무능력표준(NCS)의 바리스타 직무 개발자로 참여해 바리스타 인재 양성의 기틀을 다졌다.

송파여성문화회관, 나주대학 바리스타학과 등에서 바리스타를 양성했고, 송파구에서 처음으로 커피학원(리에스프레소 커피학원)을 시작한 것도 그였다. 2009년 학원등록을 할 때는 관련 규정이 없어 커피만으로 등록을 할 수 없었다. 대부분 조리(요리), 제과제빵학원에서 바리스타 강좌를 운영했다.

이승훈 대표를 알게 된 건 2001년쯤이었다. 그는 당시 한국 CMS에서 커피머신 엔지니어로 일하고 있었다. 그가 커피 한 잔을 건넸는데, 커피 위에 하얀 나뭇잎이 하늘거렸다. 우유로 만든 무늬라고 했다. 그때 '라테아트'로 불리는 그것을 처음 경험했다. 이후 그는 '라테아트 선구자'라는 별칭을 얻게 된다.

"커피머신을 설치하고 고객에게 사용법을 알려드려도 본인이 맛있는 커피를 만들 수 없으면 소용이 없어요. 커피 추출에는 여러 변수가 따르기 때문이죠. 단순히 작동법뿐 아니라 커피를 잘 추출하는 방법을 알려드리려 커피공부를 시작했습니다. 그러다 라테아트를 알게 되었고 부지런히 연습해 보여드리니 감탄하더라고요."

현장에서 쌓은 커피교육의 경험은 이후 바리스타 대회 운영, 바리스타 직무개발, 자격증 규정을 만드는 데 밑거름으로 작용했다. 2009년 리에스프레소 커피학원을 개원하며 본격적으로 커피 교육사업을 시작했다. 2015년에는 별도로 ㈜통합커피교육기관(이하 UCEI)을 설립해 현장중심 교육 시스템을 전파하고 있다. UCEI는 '교육은 알차게, 자격증은 편하게'를 모토로 커피 교육 프로그램을 개발하고 자격증을 발급하길 원하는 자영카페, 커피회사, 커피머신 회사, 프랜차이즈, 학원, 학교 등에 교육 시스템을 제공한다. 2021년 현재 국내외 400여 기관과 네트워크를 구축했다. 바리스타, 라테아트, 로스팅, 핸드드립, 사이폰, 커피, 베버리지, 홈바리스타, 초콜릿, 강사 등 15종의 자격증을 발급한다.

10여 년간 커피교육자의 입지를 다져온 이승훈 대표는 커피머신 엔지니어로 커피업계와 인연을 맺었다. 그 때가 1992년이니 커피업계 경력 30년이다. 전반기는 엔지니어, 후반기는 교육자의 삶이었다. 커피교육자로 자리매김하기까지 굴곡이 많았다. 이제는 추억이 된 이야기를 따라가 본다. 2000년대 이후 한국 원두커피 부흥기에 그가 남긴 흔적이다.

커피머신 엔지니어로 출발

1992년 커피머신 엔지니어로 입사했는데, 첫 직장이었나요?

첫 직장은 자동차회사에 스포일러(차량 뒤쪽에 부착해

공기저항을 줄이는 장치)를 공급하는 회사의 영업직이었습니다. 대학에서 전자과를 전공했지만 전공과 관련이 없는 곳에서 사회생활을 시작한 셈이죠. 분해하고 조립하는 일을 좋아해 선택한 전공이었지만 기대와 달리 학교에서는 실제 기술보다 이론 중심으로 가르쳤습니다. 전공에 흥미를 잃었고, 영업직을 선택한 거죠.

오래 하지는 못했어요. 자동차회사에 물건을 파는 과정이 대부분 로비로 이루어지는 모습에 실망했어요. 정직하지 못하다 생각했습니다. 6개월 만에 그곳을 그만두고 전단지 광고회사 영업직으로 옮겼는데, 거기도 정직하지 못한 건 마찬가지였습니다. 신문에 넣어 전단지를 뿌린 후 알바를 써서 광고주 가게로 전화를 하게 해요. 전단지 보고 전화했다고 하며 이것저것 물어보게 하는 거죠. 그리고 1주일 후 광고주에게 전화를 합니다. 문의가 좀 있는지 물어보면 그렇다고 할 밖에요. 회의감이 들어 또 다시 이직을 고민하던 중 친구로부터 '나이스'라는 커피머신 회사에서 A/S 엔지니어를 구한다는 이야기를 듣고 지원했습니다.

A/S라면 분해, 조립하는 일이었으니 적성을 찾았다고 할 수 있겠습니다.

그럼요. 해보고 싶은 일을 제대로 만난 거죠. 입사하고 나니 고장 난 세코(saeco) 커피머신 40대가 창고에 방치돼 있었어요. 현장에 투입되기 전에 내근하면서 이를 분해, 수리, 조립해서 생명을 살렸지요. 너무 재밌었습니다. 사람 복도 많았습니다. 사수였던 최병학 선배에게 많이 배웠어요. 워낙 기술이 출중했던 분이어서 곁에서 배우며 실력을 쌓았습니다.

IMF 외환위기로 일찍 시작한 사업

1997년 12월 IMF 외환위기로 특히 수입업체가 큰 타격을 입었는데, 그 곳도 예외가 아니었죠?

이듬해에 회사는 구조조정을 했고, 저와 최병학 부장에게 둘은 기술이 있으니 먹고살 수 있지 않겠냐며 독립하는 게 어떠냐고 묻더군요. 사정을 잘 알기에 그렇게 하겠다고 했습니다. 다른 부서보다 저희 월급이 높았거든요. 그런데 나머지 기술부 직원 3명도 저희를 따라가겠다고 해서 함께 나와 CNS라는 커피머신 기술회사를 설립합니다.

2년 정도 지났을 즈음, 나이스에서 마케팅을 담당했던

연제성 부장, 김황 과장(현 메테오라 대표)도 회사를 나와 CNS에 합류했습니다. 저와 최 부장, 둘이 회사를 유지하는데 한계가 있어 힘을 합하면 더 좋은 결과가 있겠다, 생각했습니다. 그래서 4명이 동일한 지분을 갖고 1999년 따로 만든 회사가 '한국CMS'입니다.

그런데 이때 처음부터 함께 한 CNS 직원들이 오해를 한 겁니다. 급여도 나이스에 있을 때보다 30% 이상 많이 지급했는데, 자신들이 번 돈으로 4명이 다 써버리는 거 아니냐는…. 어이없었죠. 때마침 나이스에서 그 직원들에게 복직해달라는 콜도 있었던 모양입니다. 그들에게 복직하라 하고, CNS는 해체했습니다.

불가피한 선택이었고, 동업형태지만 비교적 일찍 사업을 시작했네요.

CNS도 그렇고, 엔지니어 2인과 마케터 2인이 모여 시작한 한국CMS도 오래 가지 못했습니다. 자금압박이 심해 일정한 재고를 두고 사업을 할 수 없었어요. 그때그때 벌어서 커피머신 주문하고, 설치하는 데 급급했습니다. 일은 열심히 하는데 빚이 쌓여가는 구조여서 오래 갈 수 없었죠. 사업은 곧 자금이라는 걸 실감했습니다.

결국 2003년 4명은 제각각 살 길을 찾아 떠났습니다. '리우패밀리'라는 이름으로 사업체를 꾸렸지요. 이 역시 동업형태였고, 커피머신과 함께 OEM으로 생산한 원두커피를 판매했습니다.

돌이켜보면 1998년부터 10년 동안 우여곡절이 많았던 시간이었습니다. CNS, 한국CMS, 리우패밀리까지 3번의 동업이 오래 가지 못했습니다. 2005년 단독명의로 리에스프레소를 설립했습니다. 가찌아 커피머신을 판매했는데, 수입 자금을 대고 있던 곳에서 더 이상 수입을 해주지 않겠다고 하더군요. 그러던 차에 예전 직장 동료였던 네스코리아 김황 대표(현 메테오라 대표)가 수입하던 달라코르테 커피머신의 AS와 판매를 맡았습니다. 동업은 신물이 났기에 누가 많이 판매하든 수익을 반반씩 나누기로 했지요.

판매는 잘 되었어요. 그렇지만 수입할 물량이 늘어나는 만큼 김 대표는 자금압박에 시달렸습니다. 때마침 중경물산(현 씨케이코퍼레이션즈)에서 투자를 제안했고, 리에스프레소와 네스코리아, 중경물산 3곳이 참여해 2006년 ㈜리앤네스를 설립합니다. 자금을 투자한 중경물산이 지분의 52%를 소유했고, 제가 대표이사, 김황 대표가 부사장을 맡았습니다. 또 다시 동업을 하게 된 거죠.

라테아트 전파, 바리스타 대회 산파 역할

커피교육은 언제부터 시작한 건가요? 오래 전 기억입니다만 2001년쯤 제가 사무실을 방문했는데 라테아트로 만든 커피를 주셨지요?

그런가요? 하도 많은 분들에게 해드려서 기억이…. 암튼 90년대 후반쯤부터 라테아트를 연습했던 것 같습니다. 머신을 설치하고 작동법과 관리법을 알려드리곤 했지만 한계가 있었습니다. 나중에 매장을 방문해 커피 맛을 보면 설치할 때와 너무 다른 겁니다. 맛이 없으니 손님이 오지 않고 매출이 줄 수밖에 없지요. 커피머신이 알아서 커피를 내리겠거니 하고 점주께서 신경을 안 쓰신 거지요.

맛있는 커피를 만드는 방법을 알려드리는 게 핵심이라 생각했습니다. 아무리 좋은 머신을 베테랑 엔지니어가 설치하더라도 커피 맛이 없으면 소용이 없습니다. 결국 사람의 손길이 닿아야죠. 교육효과를 높이기 위해 보여드린 게 라테아트입니다. 그러면 다들 감탄하며 제 이야기기에 집중하더라고요. 알음알음 현장을 다니며 커피교육을 하다 보니 틀이 잡혔습니다. 몇 년 후 교육사업으로 방향을 튼 밑거름이 되었고요.

원두커피 시장이 활성화되고 바리스타라는 직업이 부상하면서 2003년에는 국내에서 첫 바리스타 대회가 열립니다. 대회 운영, 심사 등에 참여하며 중심적인 역할을 하셨지요?

2003년 2월 열린 월드바리스타챔피언십(WBC) 한국 예선전은 국내에서 열린 첫 바리스타 대회입니다. WBC는 2000년 시작되었고, 2003년은 4회 대회였습니다. 당시 우리나라에는 커피업계를 대표할 만한 조직이 없던 터라 WBC 한국예선전은 한 수입커피업체 주관으로 열렸는데, 저는 경연장 세팅 등 대회준비와 운영을 도왔습니다. 이후 SCAC라는 조직이 구성돼 2007년까지 대회를 주관했고, 2004년부터 3년간 심사위원으로 참여했습니다. 현재 이 대회는 SCA(Specialty Coffee Association) 한국 챕터에서 진행합니다.

첫 대회 우승자는 롯데호텔 공승식 씨였습니다. 오랫동안 레스토랑에서 근무해 테이블 세팅과 매너가 몸에 밴 분이었습니다. 본선을 앞두고 저희 사무실에서 커피 트레이닝을 도왔습니다. 본선에서 아쉽게 시간 초과로 실격했지만 현지 언론과 관중들에게 호평을 받았습니다.

2008년부터는 한국커피연합회 주최 KCA바리스타클래식(KCABC)

> "아무리 좋은 머신을 베테랑 엔지니어가 설치하더라도 커피 맛이 없으면 소용이 없습니다. 결국 사람의 손길이 닿아야죠. 교육효과를 높이기 위해 보여드린 게 라테아트입니다.

대회 운영에 참여합니다. 여러 차례 심사위원장도 맡았고요.

KCABC는 2003년부터 2007년까지 한국커피연합회에서 주최한 KBC에서 이름이 바뀐 대회입니다. 2012년 월드바리스타챔피언십(WSBC)으로 바뀌어 오늘에 이르고 있습니다. 실무능력을 평가하는 데 주안점을 두고 심사규정을 정비했습니다. 바리스타들이 대회를 준비하는 과정에서 실무능력을 키울 수 있도록 한 거죠. 이는 언제든 고객이 원하는 커피를 만들 수 있는 바리스타를 양성하자는 대회 취지에 부합합니다. 고객이 없다면 바리스타는 존재하지 않으니까요. 국가직무능력표준(NCS) 중 바리스타 분야에 WSBC 규정이 대부분 반영된 것도 그만큼 현장의 여건을 충실히 반영했다는 증거라 할 수 있습니다.

'커피' 타이틀 첫 학원, 바리스타 직무개발

본격적으로 학원사업으로 방향을 튼 건 언제인가요?

㈜리앤네스 때부터 이야기 해야겠네요. 자금문제가 해소되면서 달라코르테 커피머신 판매는 더욱 늘어났습니

다. 그렇지만 이에 비례해 압박감과 스트레스가 높아졌어요. 특히 투자자의 요구에 대응하는 일이 힘겨웠습니다. 지나고 보면 다 추억이니 일일이 언급하고 싶지는 않네요.

2008년 결국 그곳을 떠났습니다. 당시 주식회사 대표이사는 3년 간 동종업종 사업을 하지 못한다는 규정이 있어 커피머신 사업을 할 수 없었어요. 그동안 해온 커피교육을 본격적으로 사업화해보자 마음먹었습니다. 리앤네스에 넘긴 지분으로 받은 커피장비로 송파구에 커피 트레이닝센터를 차렸습니다. 그때 나주대학 바리스타학과, 송파여성문화회관에 강사로 출강했는데, 트레이닝센터에서 실습교육을 진행했습니다.

정식 학원으로 등록한 건 2009년입니다. 그렇지만 당시에는 커피학원 규정이 없어 등록하는 데 애를 먹었습니다. 조리학원, 제과제빵학원에서 바리스타 과정을 운영했습니다. 우여곡절 끝에 조리와 커피를 넣는 조건으로 등록증을 받았죠. 어쨌든 송파구에서 커피가 들어간 최초의 학원입니다. 전국적으로도 거의 처음이지 않았나 싶습니다. 나중에 관련 규정이 만들어져 조리가 빠지고 '리에스프레소 커피학원(www.leespresso.com)'이 되었지요.

2천년대 들어 바리스타가 신종 직업으로 부상하면서 자격증 붐도 일었습니다. 지금은 바리스타뿐 아니라 로스터, 테이스팅 등 커피 관련 자격증이 다양합니다. 초창기 바리스타 자격증을 만드는 데도 깊게 관여한 것으로 알고 있습니다.

2005년경 한국커피교육협의회(현 한국커피협회) 초창기에 자격증을 개발하는 데 잠시 참여했는데, 산업현장과 동떨어진 느낌이었습니다. 틀에 맞춘 시험을 치르고 권위를 확보하려는 경향이 강했습니다. 제가 지향하는 방향과 다르다 생각해 준비조직에서 빠졌습니다.

본격적으로 바리스타 자격증 사업에 참여한 건 2009년이었습니다. 민간자격증 교육사업을 하는 (사)한국능력교육개발원(한능원)의 바리스타 자격증 시험규정을 새로 정비하는 일이었어요. 성장가능성을 보고 2년 전 바리스타 자격증을 도입했는데 생각만큼 활성화되지 않아 제게 도움을 요청한 거지요.

심사위원장을 맡아 현장에서 요구하는, 커피산업계에 필요한 인재를 양성한다는 취지로 시험 규정을 새로 만들었습니다. 2010년 바뀐 룰로 첫 시험을 치렀고, 6천 명이 응시했습니다. 기존 3년 동안의 응시자가 2천 명이었는데, 큰 성과를 거뒀죠. 몇 년 후에는 3만 명까지 늘었어요.

한국산업인력관리공단 국가직무능력표준(NCS)의 바리스타 직무 개발자로 참여한 것도 이때쯤인가요?

2013년, 비상근으로 한능원 부원장으로 있었을 때입니다. NCS는 고정된 틀이 아니라 변화하는 산업계의 요구에 맞춘 교육 가이드라인이라 할 수 있습니다. 당연히 바리스타 자격증 시험도 이를 반영해야 합니다. 현장을 반영해 꾸준하게 자격증 제도를 개선해야 하는데…. 한능원은 저랑 생각이 달랐던 것 같습니다. 오래 고민하다 2014년에 관계를 정리했습니다. 여기서도 사연이 많지만 다 지나간 일이에요.

말씀처럼 우여곡절이 참 많았네요.

그래도 커피교육 사업은 전화위복이 되었습니다. 커피머신보다는 매출이 적지만 교육에 소질 있다는 걸 발견했고, 행복지수는 높아졌어요. 1992년 커피머신 회사에 입사했으니 커피업계 30년입니다. 커피학원을 시작한 2008년이 분기점이었던 셈이죠.

그동안 쌓았던 경험을 이어 2015년 설립한 ㈜통합커피교육기관(UCEI)은 또 다른 도약의 발판이 될 것으로 기대하고 있어요. 무엇보다 기존 자격증에 얽매이지 않고, 현장이 요구하는 교육을 할 수 있습니다. NCS에 기반한 '과정평가형' 실무 위주 교육을 통해 같은 머신, 커피로 추출하는 방식이 아니라 다양한 상황에 맞춰 최적의 커피를 추출하는 전문가를 양성하고 평가하는 시스템입니다.

실무중심 과정평가형 자격증으로 새바람

UCEI가 설립된 지 어느덧 6년째입니다. 코로나19 여파로 위축돼 있지만 기대 이상의 성과를 올리고 있습니다.

업계 후배를 비롯해 주변에서 이제는 단독으로 사업을 하라는 권유가 많았어요. 2015년 10월 자격증 등록을 마치고 12월 첫 시험을 치렀습니다. 이듬해부터 본격적으로 함께 UCEI 자격증 교육과 심사를 진행할 협력 학원, 기업, 학교 등을 모집했습니다. 2018년에는 (사)한국커피연합회와 함께 공동 자격증 인증사업을 시작했습니다. 자격증이 범람한 상태인데 되겠느냐는 의구심들도 많았지만 코로나19 여파에도 2021년 현재 400여 기관과 MOU를 체결했습니다.

UCEI는 신입 바리스타뿐 아니라 경력자를 위한 재교육, 강사진 역량강화에도 힘씁니다. 코로나19로 중단된 상태이지만 2016년 6월부터 재교육 프로그램으로 진행했던 '커피콘서트'는 큰 호응을 얻었습니다. 로스팅, 블렌딩, 에스프레소, 베버리지 부문의 스타급 강사가 전국 순회하며 현장에서 필요한 내용을 소개했습니다.

알찬 교육의 시작은 강사입니다. 강사의 역량에 따라 교육의 질이 달라지는 건 명확하지요. 이를 위해 매달 1회 이상 강사교육을 진행하고 있습니다.

UCEI 교육시스템은 해외로도 진출하지 않았나요?

현재 저희와 MOU를 맺고 자격증을 발행하는 곳이 베트남입니다. 베트남은 2016년 베트남에서 열린 바리스타대회를 지원하며 인연을 맺었지요. 코로나19로 중단되었지만 향후 인도네시아, 말레이시아, 태국 등 다른 동남아국가에도 UCEI 교육시스템이 전파될 것으로 기대합니다.

코로나19 사태가 진정되면 UCEI의 발걸음이 한층 빨라지리라 보이는데요. 향후 계획이 궁금합니다.

우선 자영카페 살리기 운동을 펼치고 싶습니다. 이제 카페는 동네 구석구석 우리 일상에 스며들었습니다. 슬세권[17] 카페라는 말도 있지요. 커피애호가들이 늘어날수록 카페의 여러 메뉴를 만들려는 욕구도 증가하고 있습니다. 코로나19가 완전히 종식될 때까지 대면 마케팅에 제약이 따르겠지만 자영카페에서 소규모와 온라인 채널을 병행해 커피교육을 진행하면 어떨까 합니다. 카페 1,000개를 모집해 교육 프로그램을 제공할 계획입니다.

강사뿐 아니라 자격증이 있는 바리스타도 꾸준히 공부해야 합니다. 이를 위해 커피연수원을 설립하는 게 꿈입니다. 커피연수원은 외국인들이 한국의 커피교육을 받을 수 있는 글로벌센터로서의 역할도 하게 될 겁니다.

"본진은 아직 출발도 안했다"

한국 커피시장의 미래는 어떨까요. 포화상태일까요, 아직 가야할 길이 많이 남았을까요.

지난 20년간 한국 커피시장은 양적으로 크게 성장했지

---

17) 슬리퍼를 신고 편하게 카페 등 편의시설을 이용하는 주거 권역

> 한국 커피시장은 개성이 없다는 말에
> 귀 기울일 필요가 있습니다.
> 개성을 꽃피울 본진이 아직 출발도
> 안했으니 한국 커피시장은 앞으로도
> 가야 할 거리가 많이 남았습니다.
> 커피는 알고 마시면 더욱 즐겁습니다.

요. 그렇지만 질적인 측면에서 미흡합니다. 우선 맛에 중심을 두어야 하는데 로스팅 날짜와 신선도만 따지는 경우가 많습니다. 이와 관련해 2013년 한 방송에서 2주 지난 커피는 산미가 진행되어 먹으면 안 된다는 식으로 잘못된 정보를 제공하기도 했습니다.

실질적으로 커피를 파는 카페는 허덕이고, 장비, 프랜차이즈 본사만 살아남는 구조도 문제라 할 수 있지요. 그렇지만 카페들이 맛에 대한 실력을 갖추고 고객과 만난다면 충분히 경쟁력이 있다고 봅니다.

한국 커피시장이 포화상태가 아니냐는 질문을 받으면 이렇게 말합니다. 마라톤으로 치면 채 5분밖에 뛰지 않았다고. 앞쪽 선수들이 출발해서 막 달려 나가고 있고 뒤쪽 본진은 아직 출발도 안 했다고.

최근 AI 로봇 바리스타가 등장하자 이러다 바리스타가 사라지는 거 아니냐는 우려가 있는데요. 저는 로봇 바리스타가 있어야 오히려 바리스타가 살아난다는 생각입니다. 로봇에는 감성이 없지 않나요? 어떤 조건에서도 최적의 커피를 추출할 수 있는 실력을 갖춘 바리스타라면 로봇과의 차별성이 더욱 돋보이기 마련입니다. 이와 관련해 UCEI는 아메리카노 메뉴 하나에 36가지의 다양한 맛을 만들 수 있는 실력을 키웁니다.

한국 커피시장은 개성이 없다는 말에 귀 기울일 필요가 있습니다. 개성을 꽃피울 본진이 아직 출발도 안했으니 한국 커피시장은 앞으로도 가야 할 거리가 많이 남았습니다. 커피는 알고 마시면 더욱 즐겁습니다. 커피가 단순히 기호식품을 넘어 이제는 기능식품으로 자리매김할 때입니다. 여러 상황에 따라 본인의 취향에 맞는 커피를 마시면 몸과 마음이 더욱 건강해지지 않을까요?

[after **interview**]

커피학원을 시작한 2008년, 이승훈 대표에겐 터닝 포인트 시점이었다. 그가 커피머신 사업을 하던 시기에 몇 차례 만났을 때 어딘가 그늘이 밟혔다.

몇 년의 공백을 거쳐 2010년쯤 만났을 때 그는 달라져 있었다. 표정은 밝았고, 목소리는 낭랑했다. 우여곡절 끝에 커피교육자로서의 자질을 찾았고, 10여 년 동안 물 만난 고기처럼 실무중심의 바리스타를 양성했다. <기초 커피바리스타>(2008. 공저)를 비롯해 <올 어바웃 에스프레소>(2010), <NCS 커피 레귤레이션 바리스타>(2016. 공저)를 출간했다. 코로나19로 계획한 일정이 어긋나 있는 상황이지만 그는 2019년 개설한 유튜브 채널 <이승훈의 구석구석 커피>에 꾸준히 콘텐츠 만들어 올리고, UCEI의 네트워크를 넓히고 있다.

커피업계 30년. 그는 커피머신 엔지니어로 시작해 여러 사업체를 꾸렸다. 동업과 협업의 과정이 긍정적인 결과로 이어지진 않았지만 현재의 그를 만든 토대이다. "지나고 보니 다 추억입니다." 이렇게 털어버릴 수 있는 이유이기도 하다.

㈜통합커피교육기관(UCEI) 주요 연혁
www.ucei.co.kr

UCEI Coffee Curriculum Development & Qualification 통합커피교육기관

2008	리에스프레소 커피학원 등록
2006~2009	한국커피연합회 바리스타대회 심사위원장
	나주대학 커피바리스타학과 겸임교수
2013~2014	한국커피연합회 WSBC 심사위원장
2013	산업인력관리공단 바리스타 직무표준화 개발위원
2015	법인 설립
	산업인력관리공단 바리스타 직무표준화 집필
2016	베트남 바리스타대회 심사위원장
	강릉커피씨숙세 바리스타 어워즈 심사위원장
2017	한국커피연합회 WSBC 심사위원장
2018	한국커피연합회 공동 자격증 인증 협약

아카이브 카페 5

바리스타(커피관리) 국가직무능력표준[18]

국가직무능력표준(NCS: National Competency Standards)은 산업현장에서 직무를 수행하는 데 필요한 능력(지식, 기술, 태도)을 국가가 표준화한 것으로 2002년 도입되었다.

NCS에서 정의한 바리스타(커피관리) 직무는 "커피에 대한 지식과 이해를 바탕으로, 다양한 기법으로 커피를 제조하여, 고객에게 서비스하고, 커피매장을 관리·운용하는 일"이다. 커피원두 선택, 커피매장 영업관리, 커피기계운용, 에스프레소음료 제조, 커피추출 운용, 커피음료 제조, 커피매장 운영, 라떼아트, 커피생두 선택, 커피로스팅, 커피블렌딩, 커피테이스팅, 커피기계수리 등 13개 능력단위로 구성돼 있다.

각 단위별로 능력을 2~5수준으로 구분하고 있는데 1, 2수준은 6~12개월 경력 후 상급자의 지시와 감독 아래 직무를 수행할 수 있는 단계이고, 3수준은 2수준에서 1~3년 추가 경력 후 제한된 범위 내에서 커피에 관한 일반적인 지식과 다소 복잡한 업무를 해결할 수 있는 단계이다. 4수준은 수준3에서 1~4년 정도의 계속 업무 후 도달 가능한 단계로서 커피원두 선택, 라테아트, 커피블랜딩, 커피기계 수리 등이 있다. 5수준은 4수준에서 1~3년 정도의 계속 업무 후 도달 가능한 수준으로 커피매장 운영 능력이 해당한다.

NCS 바리스타 직무능력별 수준을 감안할 때 최소 4~5년의 경력을 쌓아야 바리스타로서의 직무능력을 갖추었다는 평가받을 수 있다. 커피에 관한 상당한 지식과 경험을 축적한 인재가 바리스타인 것이다.

순번	능력단위명	정의	수준
1	커피원두 선택	사용 목적에 따라 원두의 배합 비율, 볶음 정도 및 숙성 정도를 확인하고 평가하여 원두를 선택하는 능력	4

18) 출처: https://www.ncs.go.kr/unity/th03/ncsSearchMain.do

순번	능력단위명	정의	수준
2	커피매장 영업관리	커피매장의 고객에게 최상의 서비스를 제공할 목적으로 고객의 불만사항 관리 및 영업 준비부터 마감까지 관리하는 능력	3
3	커피기계 운용	에스프레소 머신, 커피 그라인더와 보조 커피기계의 설정으로 조절 가능한 범위 내에서 커피의 맛을 변화시키거나 유지 할 수 있으며 관리를 통해 각 커피기계를 정상상태를 오랫동안 유지 할 수 있는 능력	3
4	에스프레소음료 제조	고객의 요구에 맞는 에스프레소 음료를 제공하기 위해 커피 추출량을 조절하여 에스프레소 음료를 제조하는 능력	2
5	커피추출 운용	고객의 요구에 맞는 커피음료를 제공하기 위해 다양한 기구와 추출방식을 활용하여 커피를 추출하는 능력	3
6	커피음료 제조	고객의 요구에 맞는 음료를 제공하기 위해 에스프레소 음료에 물, 우유, 우유거품 및 각종 부재료를 활용하여 다양한 방법으로 커피음료를 제조하는 능력	3
7	커피매장 운영	커피매장의 수익 창출을 위해 효율적으로 커피관련 자재·재고관리, 커피관리 스케줄 관리, 영업일지 작성, 판매 분석 등을 수행하는 능력	5
8	라테아트	커피문화에 대한 인식이 넓어지고 고객의 기호가 다양해짐에 따라 커피관리의 전문성을 향상시키기 위해 에스프레소에 우유와 우유거품, 다양한 기구 및 소스 등을 활용해 커피 표면에 시각적인 디자인을 만드는 능력	4
9	커피생두 선택	커피 로스팅과 커피 블렌딩을 위해 생두를 평가하고 분류하는 능력	3
10	커피로스팅	커피의 특징적인 맛과 향을 만들어 내기 위하여 생두에 화력을 가해 물리적, 화학적 변화를 일으켜 볶는 능력	3
11	커피블렌딩	특성이 다른 생두·원두를 혼합, 개별 커피원두의 장·단점을 보완해 새로운 맛과 향의 커피를 만드는 능력	4
12	커피테이스팅	커피의 향, 맛, 바디의 감각인 영향들을 통해 일정한 기준에 따라 커피의 질과 수준을 평가하며 커피의 품질을 판별하고 관리하는 능력	4
13	커피기계 수리	이상이 있는 머신을 특수 장비, 특수 환경이 필요한 고도의 전문성을 제외한 범위 내에서 정상적인 상태로 수리 할 수 있는 능력	4

※ 2018년 기준(최신 업데이트) 바리스타 NCS

07

전자동 커피머신, 10만 대의 꿈

이영성 | ㈜두리양행 대표

전자동 커피머신, 10만 대의 꿈

상호명에 '양행(洋行)'이 붙은 회사는 절로 연륜이 오래 되었다는 걸 짐작케 한다. 사전에서 양행은 '외국과 무역거래를 전문으로 하는 서양식 상점'으로 풀이돼 있다. 무역회사라는 뜻으로, 지금은 거의 없지만 30여 년 전에는 이 단어를 써서 회사이름을 짓곤 했다.

㈜두리양행(www.dooree1983.co.kr) 이영성 대표를 만난 건 9년 전쯤이다. 상호에서 단번에 '오래 된 회사'라 걸 느꼈다. 머리가 희끗한 '회장님'을 떠올렸는데 예상과 달리 그는 꽤 젊었다. 명함에 적힌 홈페이지 주소에서 '1983'이 눈에 띄었다. '그러면 창업주의 아들이겠구나.'

이런 저런 이야기를 나누다 1983이란 숫자는 회사 창업년도일 뿐 아니라 독일의 전자동 커피머신 WMF와 계약을 체결한 해라는 걸 알게 되었다. 수십 년 동안 독점계약을 이어오고 있다는 게 믿기지 않았다. 채 몇 년을 못가고 관계가 끊어지는 경우가 다반사이기 때문이다. 익히 들어본 커피머신 브랜드의 한국 총판이 여러 번 바뀌는 걸 봐왔다.

"WMF는 한 가족 같은 관계죠. 아마 이렇게 오래 파트너십을 유지하는 경우는 커피업계뿐 아니라 전체 산업계에서도 드물 거라 생각합니다."

두리양행은 국내에서 가장 오래된 커피머신 수입유통 기업이다. 원두커피 시장이 극히 미미했던 시기에 호텔, 골프장, 고속도로휴게소 등에 전자동 커피머신을 공급해왔다. 그렇지만 수요는 한정적이어서 매출 규모를 늘리기 힘든 시간들이었다. 몇 차례 큰 위기도 겪었다.

2천 년대 초반까지 이런 상황이 계속되었다. 2천년 들어 원두커피 붐이 일고 반자동 커피머신 시장이 활성화되었지만 전자동 커피머신 수요 증가로 이어지기까지 더 많은 시간이 필요했다.

이영성 대표는 2007년이 터닝 포인트였다고 말한다. 패밀리레스토랑 빕스(VIPS)에서 전자동 커피머신 공개입찰을 진행했는데, 두리양행은 5개 업체와의 치열한 경쟁 끝에 공급업체로 선정되었다.

이를 계기로 전국 대리점 네트워크를 구축했고, 이후 대량 주문과 AS를 감당할 수 있는 토대가 되었다. SPC그룹(파리바게트, 배스킨라빈스, 던킨도너츠), 피자헛, KFC 등 대형 외식 브랜드가 두리양행의 고객이 되었다. 영화관, 금융, 공항, 대학 등으로 시장을 넓혔고, 반자동 커피머신이 주류였던 카페 프랜차이즈에도 WMF 전자동 커피머신을 공급했다.

인건비 상승 요인에 따라 앞으로도 전자동 커피머신 수요는 꾸준히 상승할 것이라는 게 이 대표의 전망이다. "외식, 관광 등 서비스 분야에서 커피가 필수 아이템으로 정착되었습니다. 대형 카페, 커피전문점 프랜차이즈에서 전자동 머신을 채택하는 사례가 늘고 있어요. 인건비 부담을 덜고 무엇보다 일정한 커피 맛을 유지할 수 있다는 점이 더욱 부각되고 있기 때문입니다."

따로 물어볼 기회가 없었고, 첫 느낌이 강고했던 터라 몇 년 동안 두리양행을 '대를 이은 기업'으로 알고 있었다. 3년 전쯤 그와 저녁을 먹다 창업주인 줄 알고 있었던 선친 이야기를 꺼냈다. 돌아온 대답은 전혀 뜻밖이었다. 그런 경우를 본 적이 없기 때문이기도 하리라.
"제 첫 직장이자 창업주께서 물려주신 회사입니다."
이런 일도 있을까. 그 이야기부터 시작했다.

첫 직장, 30세에 대표이사

언제 대표이사가 되신 건가요?

1998년입니다. 제 나이 서른 때였어요. 창업주이신 최무현 대표님은 그때 55세셨고요. 한창 일하실 때인데 일선에서 물러나신 거죠. 1997년 IMF 외환위기 여파로 큰 위기를 겪고 있던 상황이었지만 이럴 때일수록 경험과 연륜이 있는 경영자가 필요한 법인데…. 갓 서른이 된 저를 지명하시니 얼떨떨했습니다. 어느덧 20년이 가까워오네요.

서른에 대표이사라… 그럼 입사한 지 몇 년 만인가요?

1987년 2월 14일에 경리사원으로 입사했습니다. 토요일이었어요. 금요일에 상업고등학교를 졸업하고 다음날 출근한 거죠. 만 19세부터 11년 근무하고 대표이사가 되었네요. 일반적인 경로와는 많이 다르죠? 젊은 치기였지만 입사하면서 이런 생각을 품었어요. '이 회사 사장이 되겠다.'

미래 먹거리를 위해 1983년 WMF와 계약

회사 사정은 어땠나요? 1980년대 전자동 커피머신 시장이 매우 미미했을 텐데….

한 대에 2~3천만 원, 당시 물가로 치면 거의 집 한 채 가격의 장비를 구매할 곳은 특급호텔, 골프장뿐이었어요. 최무현 대표님은 전자동 커피머신이 활성화된 일본 시장을 보고 한국에도 곧 이런 시장이 형성되리라 판단하신 듯합니다. 미래 먹거리를 염두에 두신 거죠. 이에 독일 WMF와 계약을 맺고 1983년 두리양행을 설립합니다.

초기 몇 년 동안은 WMF 일본 총판에서 머신을 받는 구조였습니다. 1990년 들어서야 WMF 한국 총판 계약을 맺었습니다. 아무래도 한국 시장이 미미하기 때문이었죠. 당시 일본은 편의점, 패스트푸드전문점 등에서 전자동 커피머신 수요가 많았습니다. 일본 최대 커피전문점, 도토루에서 사용하는 커피머신이 WMF였습니다. WMF 해외 판매처 중 가장 매출이 큰 곳이 일본이었습니다.

88 서울올림픽을 계기로 전자동 커피머신 수요가 조금씩 늘어나기 시작했습니다. 특히 일본 도토루가 진출해 30여 개의 매장을 오픈했습니다. 이를 계기로 전자동 커피머신 시장이 형성되리라 기대했지만 몇 년 후 도토루는 한국에서 철수합니다. 아직 가야할 길이 많이 남았던 거지요.

수익을 내기 힘든 여건이었는데 버틸 수 있었던 배경이 궁금합니다.

두리출판사라는 모기업이 기반을 다지고 있어서 꾸준히 WMF 브랜드를 알리고 인지도를 쌓을 수 있었습니다.

두리출판사는 어학 테이프와 교재를 만드는 영국 링거폰의 한국 총판이었는데 80년대 호황을 누렸죠. 대학생, 직장인들에게 큰 인기였습니다. 최 대표님이 창업하신 회사는 아니고요. 은행에서 은행장 비서로 일하다 1980년 두리출판사 영업사원으로 입사해 회사를 인수했습니다. 링거폰 특수를 이끈 장본인이지요.

제가 입사할 때 영업사원만 3천 명에 달했습니다. 당시 대학 등록금이 60만 원이었는데, 테이프 교재 가격이 34만 원이었어요. 영업사원들이 매일 계약금, 월납부금을 받아왔는데 사무실 금고가 닫히지 않을 정도였어요. 덕분에 종로에 있던 회사는 청담동에 사옥을 구입해 이전했습니다.

그랬던 모기업이 1991년 문을 닫습니다. 두리양행도 영향을 받았겠네요.

1989년 들어 시장 환경이 급변했습니다. 어학원이 생기기 시작한 거죠. 당시 회사는 사내에 영어강사를 두고 직원들에게 영어를 가르쳤는데, 이를 학원사업으로 연계했으면 좋았으련만…. 어학원은 빠르게 성장했고, 어학 테이프 수요는 급격하게 줄어들었습니다. 불과 3년 만에 발생한 일입니다.

모기업이 문을 닫았지만 두리양행은 큰 영향을 받지는 않았습니다. 그러나 안 좋은 일은 한꺼번에 온다는 말처럼 시련이 잇따랐습니다. 최 대표님이 외식 프랜차이즈 사업을 하는 지인의 요청으로 독일에서 주방설비를 수입, 공급했는데 그 회사가 부도를 냈고, 대금을 못 받아 저희 회사도 부도를 맞을 수밖에 없었습니다. 존망의 기로였죠.

최 대표님은 어쨌든 회사는 살려야 한다며 청담동 사옥을 비롯해 본인 소유의 강남 아파트 2채를 처분했습니다. 회사가 망해도 어떻게 하든 개인 재산을 지키려는 게 인지상정일 텐데…. 부자는 망해도 3대는 간다는 말도 그 분에게는 해당되지 않습니다. 그야말로 탈탈 털어 회사 살리는 데 썼습니다. 그렇게 힘들게 지켜온 회사를 직원에게 물려주셨으니….

회계, AS, 무역 1인 3역…창업주의 선택

'언젠가는 사장이 되겠다'고 다짐했다지만 회사 사정이 이렇게 안 좋았고, 나이도 한창이었는데 이직 생각은 안 해봤나요.

전혀요. 회사가 많이 힘들었을 때가 제가 입사한 지 5년

> "1987년 2월 14일에 경리사원으로 입사했습니다. 금요일에 상업고등학교를 졸업하고 다음날 출근한 거죠. 만 19세부터 11년 근무하고 대표이사가 되었네요.

정도 지난 시점이었습니다. 경리업무도 익숙해진 터라 타 부서 업무에 관심을 두고 살폈습니다. 중요한 계기가 된 게 1993년 대전에서 열린 엑스포였습니다.

도로공사는 엑스포를 준비하며 해외 바이어, 관광객이 서울에서 대전까지 이동할 때 이용할 고속도로 휴게소를 새롭게 정비할 계획을 세웁니다. 이에 직원들을 고속도로가 발달한 독일로 연수를 보내 선진 휴게소를 살펴보고 오게 합니다. 연수단은 독일 고속도로 휴게소마다 설치된 WMF 자동 드립머신을 보고, 이를 한국 휴게소에도 도입하기로 합니다. 당시 휴게소에 커피를 공급하는 곳이 동서식품, 대상, 네슬레 3곳뿐이었는데, 이들 회사를 통해 WMF 자동 드립머신을 설치하도록 했고, 저희에게 연락이 왔지요.

그런데 문제는 한국과 독일의 휴게소 환경이 달랐어요. 한국은 24시간 운영될 뿐 아니라 유동인구도 많죠. AS 수요도 늘어날 수밖에 없어요. 지금은 24시간 매장도 밤 12시에 콜을 하지 않지만 그때는 언제든 출동해야 했어요. 한정된 AS 직원으로 커버하기 힘들었습니다. 그때 커피머신 작동원리, 수리 등을 배워 때때로 한밤중이나 새벽에 현장으로 달려갔습니다. 지금도 커피머신을 수리할 수 있어요.

무역에는 영어가 필수일 텐데, 평소 영어실력이 좋았나 봅니다.

웬걸요. 학교에서 배운 영어는 어렴풋 기억으로만 남아 있었죠. 회사 핵심 업무가 무역인데, 관련 서류를 보면 다 영어였어요. 회사가 돌아가는 사정을 알려면 무역을 알아야 하고, 영어를 배워야겠다고 결심했습니다. 커피머신 수리를 배울 때와 비슷한 시기였던 것 같습니다.

갖고 있던 링거폰 테이프를 들으며 공부했지만 좀처럼 늘지 않았어요. 그러다 생각해낸 게 단어노트였습니다. 일단 무역 서류를 보며 모르는 단어와 뜻을 알파벳 순서대로 정리해서 노트에 적었습니다. 사전보다 빨리 찾을 수 있고 실무와 연계되니 암기도 잘 되었어요. 어느 정도 정리해놓고 보니 무역에서 일상적으로 사용하는 단어가 300개에 불과하더군요.

그럼 무역업무도 하신 건가요? 회계, AS, 무역까지 1인 3역이었네요.

영어 단어 좀 외웠다고 바로 무역업무를 볼 수는 없지요. 우연히 최 대표님이 제 책상에 놓인 영어노트를 보셨어요. 한동안 아무런 말씀이 없으셨는데 무역업무 직원이

퇴사하자, 어느 날 절 부르시더니 자신이 영어로 하는 말을 받아 적어보라고 하시더군요. 해외 파트너에게 보낼 메일 내용이었습니다.

들릴 턱이 없지요. 일단 들리는 대로 한글로 적어놓고 나중에 영어로 번역했습니다. 일대일 실전 교육이었던 셈입니다. 시간이 갈수록 한글보다 영어로 받아 적은 비중이 늘어나더군요. 이렇게 1990년대 중반부터 무역업무를 시작했습니다.

창업주께서 2003년 타계하셨다고 들었습니다. 시장은 아직까지 답보상태였고, 어깨가 더욱 무거웠겠네요.

'아무리 힘들어도 회사는 살아야 한다'는 말씀이 아직도 생생합니다. 일선에서 은퇴하셨어도 언제든 뵐 수 있어 힘이 되고, 위안이 되었는데 너무 일찍 돌아가셨어요. 가족에게 남기신 유언을 전해 듣고 펑펑 울었습니다. 회사 일에 절대 관여하지 말라고. 갖고 계셨던 회사 주식 지분도 제게 남기셨습니다. 제가 이럴진대 유족의 슬픔은 오죽했을까요. 남긴 재산 하나 없이 홀연히 떠나셨으니….

창업주께서는 유족에게 회사에 절대 관여하지 말라고 하셨지만 저는 남은 가족을 멀리 할 수 없었습니다. 사모님이 일부 지분을 갖고 계셨는데, 꾸준히 회사 이익금을 배당해 드렸습니다. 사모님께서 그러시더군요. 남편 원망을 많이 했는데 '이영성 대표 하나 남기고 가셨다'고요. 어느 정도 사모님이 편안하게 노후를 보내시고, 자녀들도 결혼해서 잘 살고 있어 그저 감사할 따름입니다.

2007년 터닝 포인트, 외식 프랜차이즈에 머신 공급

2천년 들어 원두커피, 반자동 커피머신이 활성화되었지만 전자동 커피머신으로 이어지기까지 시간이 더 걸린 듯합니다. 전환점이 된 시점은 언제인가요?

2006년 말에 패밀리레스토랑 빕스에서 전자동 커피머신을 도입하기로 하고 경쟁입찰을 진행했습니다. 이처럼 100개 정도의 매장에 전자동 커피머신이 설치되는 대규모 프로젝트는 처음이었습니다. 5개 회사가 입찰에 참여했고, 빕스는 5개 매장에 각 업체의 머신을 설치하고 2개월간 테스트를 했습니다. 저희 제품이 들어간 곳은 빕스 1호점인 등촌점이었어요.

제품만큼은 자신 있었습니다. 2005년에 출시된 WMF

프레스토(Presto) 모델이었는데, 당시로서는 획기적인 터치스크린 방식을 채택했고, 조명도 들어오니 비주얼이 좋았죠. 그렇지만 제품력만 믿고 앉아서 결과를 기다리지는 않았어요. 패밀리레스토랑은 커피 브로워(Brewer)로 커피를 제공해왔고, 매장 직원들에게 전자동 커피머신은 무척 생소해서 다루는 법이 서투를 수밖에 없었죠. 그래서 매일 그 매장으로 직원을 보냈습니다. 작동법을 반복해서 알려주고 문제가 발생하면 즉각 대응해주었습니다. 특히 매일 청소하고 관리해 AS를 부를 일이 없도록 했습니다.

반면 다른 테스트 매장은 난리였어요. 이게 안 된다, 저게 안 된다며 AS를 부르기 일쑤였습니다. 당연히 저희 평점이 가장 좋았고, 공급업체로 선정되어 2007년부터 빕스 전국 매장에 머신을 설치했습니다. 두리양행의 터닝 포인트였습니다.

드디어 빛을 발하는 시기가 왔군요. 이를 계기로 잇따라 대량 납품에 성공했지요?

그렇습니다. 이를 계기로 여러 외식 및 카페 프랜차이즈 등에 전자동 커피머신을 공급하기 시작했습니다. 봇물 터지듯 대량 물량 주문이 잇따랐죠. 특히 2013년부터 SPC

그룹(파리바게트, 배스킨라빈스, 던킨도너츠)에 공급업체로 선정되어 더 나은 성장의 발판을 마련합니다.

SPC R&D센터에서 여러 메이커를 초청해 장비를 전시했는데, WMF도 초청되었어요. 그때 전시한 제품이 프레스토였고, 시연 모습을 보고 SPC 그룹 오너가 '그래, 이런 커피머신을 써야지'라고 WMF를 지목했습니다. 때문에 경쟁 없이 커피머신을 공급할 수 있었습니다.

전국에 분포된 브랜드 매장에 커피머신을 공급하려면 설치, AS를 담당할 네트워크가 필수적이지요?

저희가 자랑할 만한 경쟁력이 바로 전국 네트워크입니다. 2007년 빕스 공급업체 선정을 계기로 천안, 대전, 광주, 제주, 거제, 부산, 대구, 울산, 강릉 등 9개의 대리점망을 구축했습니다. 비전씨엠(천안), 세종커피랩(대전), 커피랩(광주), 제이씨엠(제주), 카페넘버원(거제), 진트레이딩(부산), 시티하우스(대구), 발레나식스(울산), 문화개발(강릉) 등 모두 지역에서 전문성과 실력을 갖춘 업체들입니다. 두리양행 성장의 견인차였지요. 저희를 믿고 함께 해준 덕분에 시장수요에 부응하며 성장의 발판을 마련할 수 있었습니다. 대리점 대표님들께 그저 고마울 따름입니다.

원두커피, 티 수입유통도 30년

두리양행은 커피머신뿐 아니라 알프레도(Alfredo) 원두커피, 아일레스(Eliies) 티(Tea)도 수입, 유통하고 있습니다. 이 또한 역사가 오래 되었죠?

알프레도(Alfredo)는 1988년 서울올림픽을 계기로 저희 아이템이 되었으니 30년을 훌쩍 넘겼네요. 독일 취재단에게 독일에서 공수된 알프레도 커피가 제공되었는데, 그때 저희 커피머신을 대여해 주었거든요. 남은 커피를 저희에게 주고 갔고, 이후 정식으로 수입하기 시작했습니다. 당시 공기업이었던 한국관광용품센타에서 독일의 야콥스(Jacobs) 커피를 수입하고 있었는데, 민간기업의 정식 수입 원두커피로는 알프레도가 처음이 아닐까 합니다. 유통 역사가 오래 되긴 했지만 국산 로스팅 원두커피가 워낙 강세여서 호텔을 중심으로 판매되고 있습니다.

아일레스(Eliies) 티는 1990년대 초부터 수입, 유통하고 있습니다. 알프레도와 아일레스 모두 독일 다보벤(J.J DARBOVEN)사 제품입니다. 이 회사는 1866년 독일 함부르크에서 창업해 6대째 이어온 원두커피, 티 전문 기업이죠. 원두커피와 달리 아일레스 티는 고가임에도 꾸준히 매출이 늘고 있습니다.

전자동 커피머신은 바리스타의 손맛을 반영할 수 없다, 고장 나면 대책이 없다는 등 일부 부정적인 인식이 있는데요. 향후 전자동 커피머신 시장을 어떻게 전망하나요.

부정적인 평가를 하는 경우도 있지만 지금은 상황이 많이 바뀌었습니다. 무엇보다 인건비 부담을 덜고 일정한 맛과 품질을 유지할 수 있다는 장점이 더욱 부각되고 있지요. 프랜차이즈 기업에서 전자동머신을 선호하는 이유입니다.

WMF는 고장에 대한 우려와 달리 내구성이 매우 뛰어납니다. 2007년 전국 빕스 매장에 설치된 머신은 아직도 잘 쓰이고 있고요, 1987년 천안 교보생명연수원에 설치된 것은 2007년까지 20년 사용했을 정도예요. 저희 머신이 많이 깔린 만큼 대체수요도 많지 않느냐는 질문을 받을 때가 있는데, 제 답변은 '아직 멀었다'입니다.

아직 일반 자영카페까지 확대되지 않았지만 앞서 말한 인건비, 일정한 품질이라는 장점 때문에 자영카페에 전자동머신을 설치하는 사례가 늘어나리라 봅니다. 이를 대비해 WMF가 2016년 출시한 제품이 '에스프레소(Espresso)'입니다. 한 마디로 반자동의 감성을 접목한 전자동머신입니다. 딱 보면 반자동머신으로 착각할 정도로 전자동과 반자동의 장점을 살린 제품입니다. 손맛의 감성을 살리면서 동일한 맛의 커피를 추출할 수 있는 거죠.

경영자의 숙명, 지속가능한 일자리

2023년이면 회사 창립 40주년이네요. 어느덧 대표님도 창업주께서 회사를 물려주셨던 그 나이에 다다르고 있습니다. 앞으로의 계획이 있다면.

40주년이면 제 나이 55세이니 그 해 최무현 창업주님의 나이와 같네요. 대표이사가 된 이후부터 지금까지 회사를 잠시 맡고 있다는 생각이었습니다. 한 해, 두 해 넘기다보니 오늘까지 왔네요. 항상 머릿속에 맴도는 고민이 '어떻게 다음 주자(走者)에게 회사를 잘 넘겨줄까'입니다. 차근차근 준비해야겠죠.

커피머신 사업을 하고 있지만 저는 커피를 잘 아는 사람이라 생각하지 않습니다. 비즈니스맨이죠. 회사를 지속가

" 지금은 상황이 많이 바뀌었습니다. 무엇보다 인건비 부담을 덜고 일정한 맛과 품질을 유지할 수 있다는 장점이 더욱 부각되고 있지요. 프랜차이즈 기업에서 전자동머신을 선호하는 이유입니다.

능하게 발전시키고 구성원들이 안정적인 생활을 할 수 있게 해야 하는 책임이 있죠. 구체적인 매출목표로는 WMF를 10만 대 판매하는 겁니다. 지금까지 1만대를 유통한 것과 비교하면 너무 큰 목표인가요? 꿈은 클수록 좋으니….

마지막으로 '두리'는 무슨 뜻인가요? 순 우리말 같기도 합니다.

한자로 말 두(斗), 이익 이(利), 즉 이익을 많이 내자는 뜻인데, 너무 노골적인가요? 그렇지만 회사가 이익을 내지 못하면 존속할 수 없고, 기업의 사회적 책임 중 가장 중요한 게 안정적인 일자리가 아닐까 합니다.

오랜 연륜답게 두리양행을 거쳐 간 분들이 많습니다. 커피업계에서 중견 기업을 꾸리고 있지요. 그 분들도 지속가능한 회사를 만들기 위해 고군분투하고 있습니다. 사전을 보면 우리말 '두리'는 중심의 둘레를 뜻합니다. 그러고 보니 한국 커피산업 역사에서 두리양행의 위치를 가늠하게 하네요.

[after **interview**]

이영성 대표는 항상 하얀색 긴 와이셔츠 차림이다. 양 소매의 다림질 선이 반듯하다.

"손님이 오실 때도 있고, 거래처에서 급하게 미팅이 잡히면 가야하기에 늘 이렇게 입습니다."

빳빳한 옷 주름에서 그가 대표이사로 지나온 20여 년의 시간을 짐작할 수 있었다. 평균대 위에서 체조선수가 아슬아슬하게 경기를 펼치듯 긴장의 시간이었을 터. 경영자의 숙명이다. 그는 첫 직장에서 30세에 대표이사가 되었다. 입사하면서 품었던 '사장의 꿈'을 이뤘다는 기쁨 대신 중압감과 책임감이 어깨를 눌렀다. 그렇지만 꾸준한 노력과 기다림 끝에 WMF를 전자동 커피머신 대표 브랜드로 성장시켰다.

회사가 어느 정도 기반을 다졌을 즈음, 2010년 그는 커피 업계 경영자들과 교류하기 시작했다. (사)한국커피연합회에 가입해 재정위원장, 커피엑스포위원장 등을 맡아 한국 커피 산업 발전을 위해 힘을 보탰다.

인터뷰를 끝내고 호프집에서 함께 맥주잔을 부딪쳤다. "이렇게 또 하루가 갔네요."

그의 와이셔츠 다림질 선이 경계를 허물고 평평해져 있었다.

(주)두리양행 주요 연혁

www.dooree1983.co.kr

1983	회사 창립
	독일 WMF와 한국 내 독점 대리점 계약 체결
1988	독일 J.J.DARBOVEN과 계약 체결
1992	HERZEN(동서식품), NICE DAY(미원), DOUTOR 등 체인 사업본부에 시스템 공급
2007	CJ푸드빌 빕스 WMF 전자동 커피머신 공급
2008	롯데리아 WMF 전자동 커피머신 공급
2010	버거킹 WMF 전자동 커피머신 공급
2011	KFC WMF 전자동 커피머신 공급
2013	SPC 배스킨라빈스 WMF 전자동 커피머신 공급
2014	SPC 던킨도너츠, 파리바게트 WMF 전자동 커피머신 공급
2016	롯데 엔제리너스 WMF 전자동 커피머신 공급
2017	설빙 WMF 전자동 커피머신 공급
2018	시나본 WMF 전자동 커피머신 공급
	피자헛 WMF 전자동 커피머신 공급
2019	홈플러스 카페 코너스 WMF 전자동 커피머신 공급
2020	롯데시네마 WMF 전자동 커피머신 공급
2021	카페드롭탑 WMF 전자동 커피머신 공급

아카이브 카페 6

한국커피연합회가 2012년부터 개최하고 있는 WSBC

바리스타 대회 변천사

국내 커피산업의 발전은 새로운 인재가 꾸준히 유입되었기에 가능한 일이었다. 바리스타대회는 미래세대에게 바리스타라는 직업에 대한 관심을 높였고, 현직 바리스타들에게는 자부심을 갖고 능력을 배양하는 동기부여의 장이었다.

국내 첫 바리스타대회는 2003년 2월 열린 월드바리스타챔피언십(WBC) 한국예선전이다.[19] WBC는 세계 스페셜티커피협회(SBC)가 2000년부터 개최한 대회로, 2002년 노르웨이 오슬로에서 열린 3회 대회에 여대성 바리스타가 국내 예선 없이 본선에 첫 출전했다.

예선전에는 공승식, 김영식, 임종명 등 3명이 참가해 공승식(롯데호텔) 씨가

---

19) 〈월간 커피〉 2003년 3월호, "2003 월드 바리스타 챔피언십 한국 선수 선발전".

한국대표로 선발되어 미국 보스턴에서 열린 4회 대회에 참가했다. 김영식 바리스타는 현재 커피사업체를 꾸리고 있고, 임종명 바리스타는 2004년 한국바리스타챔피언십에서 우승했다.

2003년 11월에는 〈월간 커피〉와 한국커피연합회 준비위 주최로 제1회 한국바리스타챔피언십(KBC)이 열렸다. 이 대회에는 커피 관련 업체들이 대회 준비와 운영에 적극 참여해 이후 시작된 여러 바리스타 대회의 토대가 되었다. WBC 한국예선전은 GKMT 주최로 2003년 처음 열렸고, 2004년~2007년 한국스페셜티커피협회(SCAC)가 운영했다. 2008년~2017년 한국커피교육협의회(현 한국커피협회)가 주관하다 2018년부터 SCA 한국챕터가 진행하고 있다.[20] 2019년 제20회 WBC 대회에서 한국인 최초로 전주연 바리스타가 우승해 한국 바리스타의 실력이 세계 정상급이라는 걸 확인시켰다.

2005년 공식 출범한 (사)한국커피연합회는 2008년부터 독자적으로 KCA 바리스타클래식(KCABC) 대회를 시작했다. 2012년 월드바리스타챔피언십(WSBC)으로 이름이 바뀌어 오늘에 이른다. WSBC는 세계적으로도 상금규모가 가장 높다. 2021년 기준 1등 상금이 6천만 원(3천만 원 부상 포함)이고, 전체 규모는 7,300만 원이다.

이 대회는 토너먼트 방식으로 라테아트만으로 우열을 가린다. 바리스타가 대회를 준비하는 데 불필요한 시간과 비용을 최소화하기 위해서다. 에스프레소 추출, 우유 거품 만들기, 정교한 손놀림 등 기본기가 갖춰져야 제대로 된 라테아트를 만들 수 있기에 바리스타의 능력을 충분히 검증할 수 있다는 설명이다. 대회를 위한 실력이 아닌 평소 연마한 현장의 실력으로 최고 실력자를 선정한다는 취지다.

---

20) 이영민, "대한민국 월드바리스타챔피언십 참가역사", blog.naver.com/topbarista(2020).

• WSBC 경기 구성

구분	경기 수	1경기 지정 아트	2경기 자유 아트	3경기 하트 또는 나뭇잎	시간
32강	단판	동일 패턴 2잔	(없음)		준비 5분, 시연 4분
16강	3경기(3판 2선승제)	동일 패턴 2잔	• 2잔은 서로 모양이 달라야 함 • 1잔은 기구 사용, 1잔은 미 사용 • 색소사용 불가	하트 2잔	
8강					
4강		동일 패턴 4잔	• 4잔은 서로 모양이 달라야 함 • 2잔은 기구 사용, 2잔은 기구 미사용 • 기구 사용 2잔 중 1잔은 반드시 식용색소 사용	나뭇잎 4잔	준비 5분, 시연 10분
3·4위전					
결승전					

※ 2021년 대회 기준

한편 WBC는 15분 동안 에스프레소 4잔, 우유음료 4잔, 오리지널 시그니처 음료 4잔을 만드는 것으로 겨룬다. 상금은 없다.

08

시럽, 카페음료 전성시대 마중물
이태언 | 이젠(ezen) 대표

시럽, 카페음료 전성시대 마중물

2천년 들어 한국 커피산업은 도약기를 맞았고, 원두커피, 커피머신뿐 아니라 관련 제품의 시장도 크게 성장했다. 여기에 빼놓을 수 없는 게 시럽이다. 시럽(syrup)의 어원은 아랍어에서 유래했고 터키에서 과자에 단맛을 가미하기 위해 처음 만들었다고 전해진다.

시럽 수요가 폭발적으로 늘어난 데는 에스프레소를 기반으로 한 베리에이션 커피음료가 인기를 끌었기 때문이다. 소비자들은 커피에 우유를 넣은 카푸치노, 카페라테뿐 아니라 바닐라, 헤이즐넛, 캐러멜 등 다양한 시럽을 넣어 마셨다. 카페인(caffeine)이 부담스러운 사람들은 블루베리, 라즈베리, 스트로베리, 망고 등 음료를 즐겼다. 주스로 통칭되던 카페 음료 메뉴가 다채로워진 것. 이처럼 시럽은 '카페음료 전성시대'를 이끌었다.

시럽 유통 전문기업, 이젠(ezen)의 이태언 대표는 시럽 불모지였던 국내 시장에 시럽을 확산시킨 장본인이다. 2000년 프랑스의 '1883 시럽'을 국내에 들여와 시럽 붐을 일으켰다. 2010년부터는 100년 가까운 역사를 자랑하는 프랑스 베드렌(Vedrenne) 시럽을 수입유통하고 있다.

사무실에 들어서니 형형색색 시럽 병으로 채워진 진열장이 반긴다. "몇 종류인가요?" "30종 가까이 됩니다. 종류가 많다보니 재고관리가 힘들어요." 그러면서 요즘 반응이 좋은 시럽이 '솔티드(salted) 캐러멜'이란다. 요즘 이른바 '단짠(달고 짠)' 음료가 인기라더니….

베드렌은 1923년 설립된 리큐르(liqueur) 전문 기업이다. 와인 산지로 유명한 프랑스 동부 브르고뉴 지역의 뉘생조르쥬(Nuits Saint Georges)에 자체 양조장을 운영하고 있다. 리큐르, 와인, 브랜디, 과일 시럽 등을 생산한다. 천연 원료로 만든 40여 종의 베드렌 시럽은 전 세계 다양한 소비자들의 요구를 충족시켜 주고 있다. 2006년 IFS(국제식품안전인증)에서 최고 레벨을 인증 받았고, 권위 있는 각종 테이스팅 대회에서 수상하며 명품 브랜드의 입지를 다졌다.

이태언 대표는 1990년대 말 이탈리아에서 열린 전시회에 참관했다가 우연히 시럽을 발견했다고 하지만, 그의 이력을 따라가 보면 필연이라 할 수 있다. 1988년 고향 선배와 함께 압구정동에서 재즈카페 운영, 1993년 향 커피 유통의 경험, 그리고 1998년 이탈리아 일리(illy) 커피 수입 등 커피업계 연륜이 30여 년이다.

"향 커피를 판매했을 때의 기억이 떠올랐어요. 향 커피는 원두 커피에 헤이즐넛 향을 가미한 건데 다양한 소비자의 욕구를 충족시키는 데 한계가 있었습니다. 그런데 시럽을 넣으면 헤이즐넛뿐 아니라 다양한 맛과 향의 커피를 간편하게 만들 수 있는 겁니다.

그리고 커피뿐 아니라 다양한 음료 메뉴를 만들 수 있지요. 시장성이 충분하다 판단했습니다."

2000년경 그와 첫 인사를 나눴던 곳이 일리코리아라는 회사 사무실이었다. 이탈리아 일리 커피를 수입하는 회사였고, 그는 1998년 대주주로 참여해 이사를 맡고 있었다. 무척 바빠 보였고, 미팅은 짧게 끝났다. 이후 업계 사람들을 만나며 '1883 시럽'의 존재를 알았고, 이태언 대표가 수입유통한다는 이야기를 들었다. 그리고 2012년경 그를 만났을 때 받은 명함에 적힌 시럽 브랜드 이름이 바뀌어 있었다.

90년대 말 유럽 출장에서 발견한 시럽

시럽은 카페 운영의 필수 아이템으로 정착했는데요. 그만큼 경쟁도 치열하겠지요?

그렇습니다. 수요는 꾸준하지만 취급하는 업체가 늘어나 공급이 수요를 앞서는 상황이에요. 그러다보니 20년 전 가격으로 유통되고 있습니다. 프랑스 베드렌 시럽을 국내에 런칭한 지 10년이지만 상대적으로 후발주자이다 보니 쉽지가 않네요. 20년 전 들어온 브랜드가 구축한 기반이

워낙 탄탄하고요. 더욱이 대기업이 직접 시럽을 수입하거나 제조하고 있어 갈수록 설 자리가 좁아집니다.

그래도 국내 시럽 시장을 만든 장본인이라는 평가가 있습니다. 어떤 계기로 시럽에 눈을 뜨게 되었는지.

그건 너무 과찬이고요. 과거보다는 현재가 중요하지 않을까 해요. 시럽에 주목한 건 90년대 말 이탈리아를 방문한 것이 계기가 되었습니다. 1998년 이탈리아 일리 커피를 수입하는 일리코리아에서 이사로 있었는데, 일리 본사를 방문한 길에 때마침 열린 커피 관련 전시회를 참관했습니다. 다채로운 색깔의 시럽 병이 진열된 부스가 눈에 띄더군요. 프랑스산 '1883 시럽'이었습니다.

옛날 향 커피를 판매했을 때의 기억이 떠오르더군요. 시럽을 넣으면 다양한 커피 메뉴를 만들 수 있고, 시장성이 있다고 판단했습니다. 처음에 일리코리아에서 수입을 했고, 2000년 따로 법인을 설립해 본격적으로 시럽을 수입 유통하기 시작했습니다.

예전에도 커피 사업을 한 거군요. 향 커피는 1990년대 카페, 커피 전문점에서 큰 인기를 얻었지요.

일리코리아에 지분을 투자해 합류하기 전까지 향 커피를 유통했습니다. 사회생활하면서 알게 된 선배가 '제니퍼마운틴'이라는 향 커피를 수입했는데, 1993년 대리점을 해보라 해서 시작했습니다. 특별한 영업을 하지 않고도 잘 팔렸어요. 1996년에는 역시 선배를 통해 생수 유통도 시작했습니다. 강남구 카페, 음식점 등을 중심으로 커피, 생수, 캔 음료 등을 납품했습니다. 사업이 아주 잘 되었지요. 몇 년 후 새로운 사업을 할 수 있는 자금을 모을 수 있었어요.

부산이 고향이지만 서울 강남구에서 사회생활을 시작한 터라 이곳을 벗어나지 못하겠더군요. 우여곡절이 많았지만 그때마다 꼬리를 물 듯 인연을 통해 새로운 일이 생겼습니다. 신기하게도 그때마다 선택이 어긋나지 않았습니다. 순풍에 돛을 단 배처럼 순조로웠어요.

호텔 오락실 문지기

첫 사회생활은 언제, 어디서 시작한 건가요?

1988년 5월 군대를 제대하고 대학 복학 등록금을 벌어보려고 서울로 왔습니다. 친구 형님이 아동복 만드는 의류

> "시럽을 넣으면 다양한 커피 메뉴를 만들 수 있고, 시장성이 있다고 판단했습니다. 처음에 일리코리아에서 수입을 했고, 2000년 따로 법인을 설립해 본격적으로 시럽을 수입유통하기 시작했습니다.

공장을 하고 있었는데, 그곳에서 아르바이트를 했어요. 아버지께서 의류공장을 했던 터라 자연스럽게 그쪽에 관심을 가졌습니다. 사실 집안 형편이 많이 기울었습니다. 학비를 벌자고 상경했지만 복학보다는 지속적인 일자리를 원했습니다. 생각보다 의류공장 일은 빨리 생활기반을 마련하는 데 한계가 있어 보였어요.

그러던 차에 사장 형님의 친구 분이 제게 관심이 있던지 서울은 왜 왔냐, 복학은 안 하냐며 이것저것 묻더군요. 그래서 돈 좀 많이 버는 일을 하고 싶다고 했어요. 밑바닥부터 고생할 각오가 돼있냐고 묻기에 자신 있게 그렇다고 말했습니다. '내가 호텔 오락실 지분이 좀 있는데, 네가 관심이 있으면 그곳에 취직할 수 있게 해주겠다'고 하더군요. 돈 버는 일은 그게 빠를 거라면서.

호텔 오락실이 뭐하는 곳인지 몰랐지만 일단 그곳을 찾아갔습니다. 영동호텔 오락실이었습니다. 매일 현금이 억 단위로 오가기 때문에 그곳은 관계자가 소개한 사람을 채용하는 방식으로 운영되고 있었어요. 학력, 능력보다 우선순위는 믿을 수 있는 사람이었던 거죠. 면접을 봤고, 몇 개월 만에 의류공장을 나와 그곳에 취업을 합니다.

호텔 오락실에서 무슨 일을 한 건가요? 힘들진 않았나요?

해병대를 나왔다는 게 마음에 들었나 봐요. 일종의 문지기 역할을 맡기더군요. 이런 저런 구실을 만들어 돈을 뜯어내려는 사람의 출입을 막는 일이었습니다. 호텔 오락실이라는 곳은 일반적인 업장과는 분위기가 많이 다르지요. 말로만 되는 일이 아니었고, 때론 몸싸움도 있었습니다. 그래도 꾹 참고 일했더니 처우도 좋아지더군요.

어느 정도 적응하며 지내고 있었는데 오락실 손님 중 한 분이 저를 보고 놀라며 '니, 여기서 뭐하노?' 하는 겁니다. 고향 선배였어요. '한창 젊은 녀석이 이런 데서 일하면 안 된다'며 휴무일에 압구정동 한양쇼핑센터(현 갤러리아백화점) 앞에서 보자고 하더군요.

며칠 뒤 연락을 하고 선배를 만났습니다. 선배는 저를 만나자마자 건너편 빈 섬포로 데려갔습니다. 카페를 하려고 계약한 매장이라고 했습니다. 무슨 카페요, 물으니 '재즈카페'라고 했습니다. 일본에서 유학한 선배는 친구, 인테리어 전문가와 함께 운영할 거라고. 유학생활을 하며 일본에서 성업 중이던 재즈카페를 눈여겨봤나 봐요. 호텔 오락실은 그만 두고 여기서 일하자고 제안했습니다. 이어 그냥 직원이 아니라 공동사업자라 생각하고 상징적으로 지분을 조금만 투자하라고 했습니다. 정말 금액은 얼마 안 되었어요.

선배의 제안대로 재즈카페 사업에 참여했고, 1989년

12월 '올드앤뉴'라는 재즈카페를 열게 됩니다. 커피업계와 인연을 맺은 시작점이기도 합니다. 상경한 지 불과 1년 7개월 만에 많은 일을 겪었네요.

재즈카페 운영, 향 커피 유통

운명적인 만남이네요. 재즈카페가 자리한 곳이 당시 핫플레이스였던 압구정동 로데오거리였으니 큰 반향을 일으켰겠네요.

  귀인이었지요. 도쿄 신주쿠에 가서 대형 레코드 가게에서 재즈 CD, 레이저디스크를 대량 구매했습니다. 이케아 홍콩지사에서 근무하고 있던 선배 처형의 도움으로 이케아 가구를 들여왔고요. 당시로는 혁신적인 콘셉트와 인테리어로 오픈 초기부터 손님들로 가득했습니다.

  저는 바를 맡았고, 이를 계기로 커피 추출법을 익혀 커피 메뉴를 만들었습니다. 처음에는 일본 도토루, 한국 자뎅 커피를 사용하다 수입식품 전문업체에서 커피를 받았습니다. 그때 미군 부대에 납품되던 힐스브로스 커피(Hills Bros Coffee)를 경험하기도 했습니다. 커피, 음료뿐 아니라 김치볶음밥, 스파게티 등 간단한 요리와 맥주도

팔았어요. 지금 카페의 모습과는 많이 다르지요? 당시 압구정동에는 카페가 10곳 미만이었는데, 개그맨 주병진 씨가 운영하던 '제임스딘'을 비롯해 '쎄', '보니앤클라이드', '인터뷰', '옵스' 등이 기억납니다.

카페는 아주 잘 되었고, 이대 앞에 2호점, 숙대 앞에 3호점을 내며 승승장구했습니다. 그러나 호사다마(好事多魔)라고 했던가요? 재즈카페 사업은 오래 가지 못했습니다. 창업 멤버 형들 간에 불화가 잦았고, 결국 1992년 뿔뿔이 흩어졌고, 문을 닫습니다. 안타까웠습니다. 동업은 대부분 이렇게 끝나는 건지….

재즈카페 사업 이후, 1993년에 시작한 사업이 향 커피였군요. 단독 첫 사업이기도 하고요.

그때 나이가 28세였습니다. 23세에 상경해서 불과 5년이었는데 참 다채로웠네요. 재즈카페가 해체된 터라 중간에 붕 뜬 상태였지만 그 시간이 오래 가지는 않았어요. 때마침 카페를 하며 알게 된 분이 향 커피를 수입할 건데 판매해보지 않겠냐고 제안하는 거예요. 또 다른 인연이 새로운 일을 찾게 해준 셈입니다.

향 커피도 잘 팔렸어요. 1996년에는 생수, 캔 음료도 추가해 사무실과 창고를 두고 규모 있게 유통사업을 펼쳤습니다. 결혼한 해이기도 하네요.

1997년 IMF 외환위기가 닥쳐 국내 경기가 최악이었지만 커피시장은 새로운 흐름이 만들어지고 있었습니다. 향커피가 쇠퇴하는 분위기가 역력했어요. 에스프레소 커피가 카페의 주류 메뉴로 전환되고 있었습니다. 이탈리아를 비롯해 해외 커피 브랜드들이 한국 시장에 소개되고 있었고요. 변화를 준비해야 했습니다. 1998년에 이탈리아 일리 커피를 수입하던 회사에 지분을 투자해 합류했습니다. 이를 계기로 시럽이라는 사업 아이템을 발견했습니다.

금융위기로 회사 주인이 바뀌다

2000년대 초 별도 법인을 설립해 본격적으로 시럽 수입유통 사업을 시작했고, 빠르게 성장했지요?

1999년 7월 스타벅스가 한국에 상륙하면서 에스프레소는 거스를 수 없는 대세가 되었고, 이를 기반으로 한 다양한 메뉴가 등장합니다. 또한 스타벅스 뒤를 이어 국내외 카페 프랜차이즈가 잇달아 설립됩니다. 카페 프랜차이즈

들은 차별화 전략으로 앞 다퉈 메뉴개발에 나섰고, 이런 욕구에 부합한 게 시럽이었어요. 시기를 잘 만났습니다. 1883코리아라는 회사를 설립하고 독점 수입한 '1883 시럽'은 빠르게 시장을 선점했습니다.

재즈카페, 향 커피, 에스프레소 커피, 시럽에 이르기까지 소속이 바뀌긴 했어도 순탄한 경로를 밟아온 듯합니다. 그러다 2007년 큰 시련을 겪게 됩니다.

결론적으로 제가 설립한 1883코리아는 주인이 바뀌었습니다. 계기는 2007년 하반기에 닥친 세계금융위기였어요. 전량 수입이라 환율에 민감할 수밖에 없는데 1,200원 내 하던 유로 환율이 2008년 초에는 2천원까지 급등했습니다. 대기업에 공급하는 물량이 많았고, 재고를 유지해야 했습니다. 재고 품절을 뜻하는 '쇼트(short)'를 낼 수 없었어요. 쇼트는 유통업에서 부도를 내는 것과 같습니다. 쇼트를 내면 어느 누가 믿고 거래를 하려고 할까요.

팔릴수록 손해였습니다. 엎친 데 덮친 격으로 2008년 초 프랑스에서 항만파업이 일어나 배를 수배할 수 없어 운임이 비싼 항공기로 제품을 들여와야 했습니다. 버텨봤지만 그때 자금력으로는 불가항력이었습니다. 고민 끝에

50% 이상의 지분을 제공하는 대가로 투자를 받았고, 결국 이게 화근이 되었습니다.

2011년 심기일전 '베드렌' 시럽 런칭

그렇게 일궈온 기반을 잃었으니 충격이 컸겠네요. 그래도 심기일전해 프랑스 유명 시럽, 베드렌과 독점계약을 맺었지요?

2007년까지는 사업아이템이 시기와 잘 맞았고, 인연도 잘 이어져 무난하게 보낸 세월이었습니다. 이 일을 겪으며 교만하지 않았나 돌아보게 되더군요. 물론 그래도 버텨볼 걸, 그런 결정을 하지 말았어야 했는데 하는 후회도 많았죠. 2년 정도 힘겨운 시간을 건너왔습니다.

시럽은 프랑스가 강국이죠. 천연 향기를 추출하는 기술과 향기 산업이 발달했습니다. 자연스럽게 새로운 시럽 브랜드를 프랑스에서 물색했고, 베드렌과 계약을 체결해 2011년부터 수입을 시작했습니다. 1883 시럽 못지않은 역사와 경쟁력을 갖춘 곳입니다. 베드렌 시럽은 신선한 과일과 원료, 100% 천연 과당으로 만들었습니다. 천연 과일, 꽃, 식물이 지닌 본연의 아로마가 풍부하고 깊이 있게 살아 있습니다. 커피메뉴뿐 아니라 레모네이드, 소프트 드링크, 스무디, 커피, 티, 칵테일 등 다양한 음료메뉴를 간편하게 만들 수 있습니다.

힘든 상황에도 커피산업과 문화 발전을 위해 관련 기업들이 모여 설립한 (사)한국커피연합회 사업에 적극 참여해 여러 직책을 맡았지요?

한국커피연합회라는 조직은 제게 참 고마운 존재였습니다. 이곳이 없었다면 힘든 시기를 건너기 힘들었을 겁니다. 몇몇 회원사 대표님들을 만나 답답한 속내를 털어놓고 이야기라도 할 수 있었으니까요. 그리고 연합회 일을 도우며 쓰라린 기억은 옅어지고 용기를 얻을 수 있었습니다.

연합회는 예진 회사 명의로 2006년에 가입했고, 2007년부터 연합회 사업에 본격 참여했습니다. 이사, 홍보위원장, 전시회운영위원장, 바리스타대회장, 부회장 등 안 맡아본 직책이 없을 겁니다. 특히 뿌듯한 일은 2011~2012년 차명원 회장님(주노커피 대표) 재임 때 부회장으로서 사단법인으로 전환하고, 서울커피엑스포와 WSBC(월드바리스타챔피언십) 대회를 만드는 데 힘을 보탠 겁니다. 한국 커피산업을 대표하는 전시회, 바리스타 대회로 성장했습니다. 코로나19로 2020년 정상적으로 진행되지 못해 안타깝지만 능히 극복하리라 믿습니다. 영리조직이 아닌 공적인 기관이기에 회원사들의 정성과 노력이 힘을 발휘할 테니까요.

2019년부터 선출직으로 감사를 맡고 있는데, 아마 이게 마지막 직책이 아닐까 합니다. 임기가 2년인데 코로나로 선거를 치르지 못해 후임자에게 인계하지 못하고 있네요.

갓 볶은 커피와 커피 한 잔 가격에 대해

취급하는 아이템 중 이탈리아 원두커피 '파라나(Parana)'도 있던데요?

수입 원두커피에 대한 미련이 남아 있어 소소하게 해오고 있어요. 워낙 국내 로스팅이 대세인지라 라바짜, 일리처럼 20년 넘게 인지도를 쌓고 판로를 구축한 브랜드가 아니면 힘든 구조입니다.

그렇지만 국내 로스팅 업체에게 해주고 싶은 말은 '갓 볶은 커피'라는 마케팅 포인트를 재고해야 한다는 점입니다. 갓 볶아 신선하고 향이 좋다는 커피를 차에 두고 다니다 보면 향이 빠져나갑니다. 이탈리아 커피의 경우 배로 45일 이상 걸려 들어오는데 향이 그대로 유지됩니다. 포장기

> "카페음료는 앞으로도 진화를 이어갈 겁니다. 카페음료 다양화를 선도한 건 수입 시럽이지만 국내 업체에서도 시럽을 생산하고 있고, 시럽뿐 아니라 음료 파우더도 많이 확산되었습니다.

술이 좋기 때문이지요. 포장에 더 많은 투자를 하고 혁신한다면 국내 로스팅 커피는 더욱 발전할 거라 봅니다.

언론에 때때로 나오는 게 커피 한 잔의 가격입니다. 대안은 없고, 폭리를 취한다는 뉘앙스만 풍기죠.

제 말이 그래요. 커피 한 잔에 커피만 원가인가요? 임대료, 인건비, 인테리어 감가상각비 등 원가구성 항목이 많은데, 좀 알아보고 이야기했으면 좋겠어요. 저희 고객인 카페 점주 입장에서 이런 뉴스를 보면 화가 날 수밖에 없지요. 카페에 가는 건 그저 커피, 음료 한 잔으로 목을 축이러 가는 게 아니잖아요. 문화소비에 원가라는 잣대를 들이대는 건 사리에 맞지 않습니다.

카페 메뉴판이 다채롭습니다. 베리에이션 커피, 과일 이름을 딴 음료 메뉴가 빼곡합니다. 이제 소비자는 그냥 커피, 주스가 아니라 메뉴이름을 대고 주문하지요. 카페음료 전성시대의 풍경입니다. 시장 전망과 계획은요.

카페음료는 앞으로도 진화를 이어갈 겁니다. 카페음료 다양화를 선도한 건 수입 시럽이지만 국내 업체에서도 시럽을 생산하고 있고, 시럽뿐 아니라 음료 파우더도 많이 확산되었습니다. 카페 프랜차이즈에서도 시즌별로 신 메뉴를 개발하는 게 일상화되었습니다. 시장의 기회가 많아진 만큼 경쟁도 치열합니다. 왕도가 따로 있을까요? 어깨 힘 빼고 한 걸음씩 나아가는 것 밖에요.

[after **interview**]

이태언 대표는 '내 얼굴에 침 뱉는 거'라며 자신이 만든 회사의 주인이 바뀐 사정에 대해 말을 아꼈다. 커피업계에 몸담았던 지난 시간의 이야기를 마치자 '잘 나지 못하고 대단한 게 없다'며 허허 웃었다.
그렇지만 그는 국내 카페시장에 시럽을 확산시켰고, 카페 음료 전성시대를 이끈 마중물 역할을 했다. 평탄했던 사업 여정에서 암초를 만나 주춤했지만 2011년 신기임전해 새로운 시럽 브랜드를 런칭해 오늘에 이르고 있다. 2019년 7월에는 하남시 지식산업센터로 보금자리를 옮겼고, '카페 베드렌'이라는 테스트 숍도 문을 열었다. 선발주자에서 후발주자로 자리가 바뀌었지만 그는 계속 진화하는 카페 음료문화에 희망을 걸고 있다.
그렇지만 최근 불거진 문제로 요즘 마음이 복잡하다. 유럽과의 FTA로 관세 없이 바닐라시럽을 수입해왔는데 프랑스에서 바닐라가 생산되지 않으니 바닐라시럽에 대한 5년치 관세를 내야한다는 통보를 받았기 때문. "완제품에 들어간 원료를 문제 삼는 게 도무지 이해되지 않네요. 허허." 허탈한 표정이었지만 그는 어쨌든 이 위기를 넘길 것이라는 예감이 들었다. 그래왔던 것처럼.

다다(茶茶)일상을 전하는 티 마스터

김호기 | ㈜에스앤피인터내셔널 대표

09

다다(茶茶)일상을 전하는 티 마스터

다방 시절부터 홍차는 커피의 보완재로서 자리를 차지했다. 커피 마시면 잠이 안 올까봐 홍차를 마시는 경우가 많은데, 커피보다 양은 적지만 홍차에도 카페인이 있다(커피의 1/3 정도). 어쨌든 커피와 홍차는 다방 메뉴의 쌍두마차였다.

1990년 중반 이후 일반명사로 통칭되던 커피가 에스프레소, 카페라테, 카푸치노 등으로 세분화되었듯 홍차도 같은 경로를 밟았다. 잉글리시 브렉퍼스트, 얼 그레이, 아쌈, 다즐링, 실론 등 정통 홍차와 여러 찻잎을 블렌딩하거나 과일, 꽃잎을 추가한 차가 홍차 메뉴에 이름을 올렸다. 여기에 카페인이 없는 과일 티, 허브 티도 꾸준히 수요를 넓히고 있다.

국내 커피 소매시장(커피전문점 매출 제외) 규모는 2018년 2조 4,812억 원[21]으로 추산된다. 커피와 비교할 수준은 아니지만 홍차, 허브티, 과일티 등 티(tea) 시장도 꾸준히 성장하고 있다. 한국농수산품유통공사 자료[22]에 따르면 국내 차 수입량은 2013년 974만 달러에서 2017년 1,600만 달러로 64% 늘었다. 양으로는 818톤에서 1,188톤으로 45% 증가한 것. 품목별로는 홍차가

---

21) 한국농수산식품유통공사, 〈2019 가공식품 세분시장 현황_커피류 시장〉
22) 한국농수산식품유통공사, 〈2018 가공식품 세분시장 현황-다류 시장〉

95%를 차지한다. 전체 차 소매시장 규모는 2017년 4,167억 원으로 추산되는데, 2014년(3,453억 원)보다 20.7% 성장했다.

그날이 있기 전까지 내게 홍차에 대한 기억은 사우나 한증막 같은 향과 쓴 맛이었다.

2001년 커피전문지를 준비하며 홍차 아이템도 다뤄야 했기에 전문가를 수소문했고, 그를 만났다. ㈜에스앤피인터내셔널 (www.snpinternational.co.kr) 김호기 대표였다. 당시 그는 포트넘앤메이슨(FORTNUM&MASON)이라는 영국 유명 홍차를 수입유통하던 회사의 과장이었다.

차 한 잔 하셔야죠, 하며 자리를 뜨더니 잠시 후 쟁반을 들고 나왔다. 쟁반 위에는 청색 문양이 새겨진 도자기 주전자, 빈 그릇, 홍차가 담긴 캔, 그리고 처음 보는 물건이 있다. 전기 포트 물이 끓자 주전자와 찻잔을 데운다. 잠시 후 홍차 잎을 주전자에 넣고 뜨거운 물을 붓는다. 홍차 잎은 처음 본다. 붉은 색이 아니다. 그래서 홍차의 영문이 '블랙티(black tea)'구나.

3분 정도 지나자 찻잔에 차를 따른다. 처음 보는 물건의 용도를 알았다. 찻잔에 따를 때 찻잎을 걸러내는 도구였다. 뜨거운 기운이 기분 좋게 퍼지며 코로 깊게 향이 들어온다. 봄날 신록의 향 사이로 상큼하고 달콤한 맛이 느껴진다.

얼 그레이(Earl Grey)라고 했다. 홍차에 대한 선입견이 바뀌는 순간이었다. 물을 끓이고 차를 우려내는 과정에 부담스런 격식은 없었고, 손님을 정성스럽게 대하는 마음이 보였다.

나중에 이름 모를 도구가 티 스트레이너(strainer)라는 걸, 찻주전자는 티팟(teapot), 이들을 포함해 차를 내리기 위한 여러 도구를 티웨어(tea ware)라 부른다는 걸 알았다. 김 대표 덕분에 홍차의 종류, 제조과정, 역사, 유명 브랜드도 알게 되었다.

김호기 대표는 1995년부터 7년간 홍차 마케팅 일을 하다 2002년 6월 34세에 ㈜에스앤피인터내셔널을 창업했다. 직장생활을 포함해 20여 년 홍차를 포함한 차(tea)와 함께 했다. 포트넘앤메이슨부터 웨지우드, 트와이닝, 위타드 오브 첼시아, 잭슨즈 오브 피카딜리 등 홍차 종주국인 영국의 유명 티 브랜드가 그를 거쳤다. 힘겹게 브랜드를 키웠더니 큰 기업에 판매권을 넘겨줘야 하는 일이 반복되었다. 중소기업의 숙명이었다.

그렇지만 오랜 수입유통 경험과 네트워크는 위기마다 새로운 브랜드를 발굴할 수 있게 한 원동력이었다. 테틀리(Tetley), 런던프룻&허브(London Fruit&Herb), 햄스테드(Hampstead), 히스&헤더(Heath&Heather), 비타민 티(Vitamin Tea)가 새로운 파트너가 되었다.

㈜에스앤피인터내셔널은 정통 홍차뿐 아니라 허브티, 비타민 티 등 차 소비 트렌드를 반영해 건강, 다이어트에 초점을 맞춘 다양한 제품 라인업을 구축했다. 완제품 수입 의존도를 줄이기 위

해 자체 브랜드로 개발한 '알펜로제(Alpenrose)', '진달래찻집'도 차츰 인지도를 넓히고 있다.

오랜 만에 그를 다시 만났다. 그날처럼 테이블에 놓인 찻잔 위로 홍차 향기가 퍼지고 있었다.

홍차 영업맨 7년, 영국 홍차를 알다

1990년대 홍차를 수입유통했던 ㈜삼풍기업이 첫 직장이었죠? 지금까지 티 사업을 하고 있으니 첫 단추를 제대로 낀 셈이네요.

그렇네요. 1995년 대학 호텔경영학과를 졸업하고 ㈜삼풍기업에 입사해 홍차 영업을 했습니다. 주요 수요처가 호텔이었으니 전공을 살린 셈이기도 하네요. 그렇지만 저 또한 홍차에 대해 부정적인 선입견을 갖고 있었어요. 당시 국내에서 홍차는 쓰고 맛없는 음료로 각인돼 있었고 저 자신도 그런 인식에서 자유롭지 못했죠.

그러나 회사가 수입하고 있던 영국 포트넘앤메이슨 홍차를 마시는 순간 혀와 코, 가슴으로 전달되던 아련한 향과 여운에 탄성이 절로 나오더군요. '우리는 너무 홍차를 몰랐다. 아니 경험해보지 못했다. 제대로 된 홍차의 맛과 향을 전파한다면 홍차는 분명 성공할 수 있을 것이다.' 이런 마음으로 홍차를 알렸습니다.

홍차는 1994년에야 수입제한품목에서 해제되었기에 국내 홍차시장은 불모지나 다름없었을 텐데 어떻게 영업을 했나요.

포트넘앤메이슨이 명품 홍차이지만 국내에서는 잘 알려지지 않았고, 호텔 말고는 마땅한 수요처가 없었어요. 구매담당자를 만나는 일도 만만치 않았습니다. 사무실로 전화를 해도 다음에 오라는 말뿐이었어요. 전화로 미팅 약속을 잡는 것은 거의 불가능했습니다. 구매담당자 입장에서 이미 홍차를 구매하고 있고, 양도 적은 터라 거래처를 바꾸는 게 별 실익이 없었기 때문이죠.

이런 일이 반복되다 보니 오기가 생기더군요. 무작정 사무실로 찾아갔어요. 담당자 이름은 알고 있던 터라 경비실은 무사통과. 우선 제 존재를 인지시켜야 했고, 방법은 사무실에 들어서면서 큰 소리로 인사하는 거였습니다. "안녕하세욧! 포트넘앤메이슨 김호기입니다!"

상황이 그려지죠? 사무실의 정적을 깨는 소리에 다들 고개를 내밉니다. 담당자를 만나러 왔다고 하니 저쪽으로 가보라고 합니다. 담당자 책상 앞에서 다시 큰 소리 인

" '우리는 너무 홍차를 몰랐다.
아니 경험해보지 못했다.
제대로 된 홍차의 맛과 향을
전파한다면 홍차는 분명
성공할 수 있을 것이다.'
이런 마음으로 홍차를 알렸습니다.

사합니다.

이렇게 방문 리스트를 만들고 일주일에 한 번씩 각 호텔을 돌았습니다. 처음에는 제품을 설명하면 됐지만 나중에는 딱히 할 말도 없었어요. 담당자가 바빠 보이면 그냥 인사만 하고 나오기도 했습니다.

몇 개월을 그렇게 하니 틈이 보이더군요. 홍차는 회전율이 낮아 재고 관리가 만만치 않고 거래처에서 공급을 못 하는 일이 생긴다는 점입니다. 한 호텔에서 기존 거래처에 홍차를 발주했는데 물건이 없다고 해서 제게 전화를 했습니다. 마침내 첫 거래를 성사시켰죠. 이후 호텔영업은 순조로웠습니다. 어느 호텔에 납품하고 있다고 하면 관심을 보였고 발주로 이어졌습니다. 갈수록 거래처가 늘었고, 매출도 안정적이었습니다.

2002년 34세에 창업…시작부터 난관

성함처럼 '호기'롭게 영업했군요. 회사에서 많이 좋아했겠어요. 그런데 입사 7년 만에, 일찍 창업한 배경이 궁금합니다.

2001년 말쯤이었어요. 그때 과장이었고, 제 나이 서른 셋이었습니다. 7년 동안 열심히 했고, 포트넘앤메이슨 브랜드를 국내에 안착시켰다고 자부합니다. 좀 더 잘하고 싶었고, 회사와 제가 서로 성장할 수 있는 방법을 고민했습니다.

  돌이켜보면 참 당돌했던 것 같아요. 김형식 회장님께 "포트넘앤메이슨 수입은 계속 하시고, 제게 대리점을 맡겨주시면 나가서 한 번 잘 해보겠습니다"라고 말씀드렸어요. 회장님은 예상보다 흔쾌히 동의해주셨습니다. 사회생활에서 만난 아버지 같은 분입니다. 홍차를 만나게 해준 분이기도 하지요. 1990년대에 홍차를 수입한다는 건 큰 모험이었습니다. 원두커피 수요도 크지 않은 터에 홍차는 언감생심이었습니다. 그래도 회장님은 머지않아 한국에서도 홍차 시장이 성장할 거라 보고 홍차를 선택한 거죠. 제가 의욕적으로 일할 수 있도록 배려를 아끼지 않으셨고, 저의 독립선언을 응원해주셨습니다.

  창업 준비를 하면서 2002년 2월, 회장님과 영국 포트넘앤메이슨 본사로 출장을 갔습니다. 인연을 맺게 해주려는 뜻이었지요. 그런데 생각지도 못한 이야기를 듣습니다. 그쪽 CEO와 최고재무관리자(CFO)를 만났는데, 2002년 6월 30일까지 공급하고, 이후 수출을 중단한다고 선언하는 겁니다. 일본에 수출되는 물량이 꽤 많았는데 일부 제품이 병행수입(일명 보따리 무역)으로 한국, 홍콩, 싱가포

르 등으로 암암리에 유통되는 걸 정비하기 위해서라고 했습니다. 영속적인 중단은 아니겠지만 언제 수출을 재개할지 알 수 없는 상황이었습니다.

창업하기도 전에 큰 난관에 부닥쳤네요.

그래도 시작하기로 한 일입니다. 2002년 6월, 서울 잠원동에 사무실을 마련하고 회사를 설립했습니다. 회사명 '에스앤피(S&P)'는 전 직장인 삼풍기업의 영문에서 따왔어요. 성공(Success) 파트너(Partner)가 되겠다는 뜻도 담겨있습니다. 무역업이라 개인 영어이름도 필요해서 홍차 문화 메신저가 되겠다는 마음으로 '헤럴드(Herald; 소식을 전하다)'로 지었어요.

의욕적으로 시작했지만 걱정이 컸지요. 수출 중단에 대비해 1년 여 정도 판매할 물량을 미리 주문했지만 이후가 문제였습니다. 당시 국내에 들어온 다른 영국 홍차 브랜드와 접촉하는 건 상도의가 아니라 여겨 포기했습니다. 아직 수입되지 않은 브랜드를 찾아야하는데 누가 선뜻 갓 시작한 회사와 거래하려고 할까요.

지금까지 사업하면서 여러 번 고비를 맞았지만 이 때가 가장 어려웠던 시간이었습니다. 매일 새벽 교회에 나가 기도를 드렸습니다. 갖고 있던 포트넘앤메이슨 홍차가 거의 소진될 즈음인 2003년 말, 기적적으로 웨지우드에서 연락이 옵니다.

기적의 전화…웨지우드, 트와이닝 독점 수입

웨지우드는 명품 도자기로 유명한 곳인데, 티도 생산하는군요.

영국 도공의 아버지로 일컫는 조시아 웨지우드(Josiah Wedgwood)가 1759년 설립한 웨지우드(WEDGWOOD)는 도자기 매출이 95%를 차지합니다. 티 매출이 5%에 불과하지만 명품 브랜드로 알려져 있어 티 제품도 충분히 가능성이 있다고 판단했습니다.

지금도 생각해보면 웨지우드와 인연을 맺은 건 신기할 따름입니다. 제가 외근 중이었을 때 사무실로 몇 차례 전화가 왔는데 영어가 서툰 직원이 몇 마디 하지 못하고 끊었던 모양이에요. 그 날 때마침 제가 사무실에 있을 때 직접 전화를 받았습니다. 한국 시장에 웨지우드 티를 확산시킬 수 있는 파트너를 찾고 있었다고 하더군요.

이후 진행은 급물살을 탔습니다. 독점계약을 맺었고,

2004년 3월 웨지우드 티 런칭 발표회를 열었습니다. 브랜드 인지도 덕에 많은 언론에서 이 소식을 다뤘고, 수월하게 포트넘앤메이슨의 공백을 메울 수 있었습니다.

웨지우드뿐 아니라 2004년에 대표적인 영국 티 브랜드, 트와이닝도 파트너가 되지요?

트와이닝(TWININGS)은 1706년 설립되었으며 영국이 홍차 종주국으로서의 기반을 다지게 한 일등 공신으로 평가받고 있는 브랜드입니다. 세계 130개국에 수출하고 있지요. 1997년부터 트와이닝을 수입유통하고 있던 태평양 건강사업부에서 연락이 와 트와이닝을 맡을 수 있겠냐고 묻더군요. 이후 트와이닝 본사에서 같은 의견을 물어왔고, 할 수 있다고 응답했습니다. 단, 최소 3~5년 동안 제 방식의 마케팅을 인정해달라는 조건을 붙였습니다. 대체 브랜드를 찾지 못해 전전긍긍했던 처지에서 2004년 한꺼번에 다른 명품 브랜드들과 관계를 맺게 된 거죠. 이런 걸 전화위복이라 하나 봐요.

2005년에는 위타드오브첼시아(Whittard of Chelsea), 트와이닝 계열사인 잭슨즈 오브 피카딜리(JACKSONS OF PICCADILLY)도 저희 파트너가 되었습니다. 피카딜리는

1830년 세계 최초로 얼 그레이 티(Earl Grey Tea)를 개발한 곳이기도 합니다.

4개 브랜드와 파트너가 되었으니 남은 과제는 마케팅이겠네요.

원두커피 시장과 성장세에 비하면 규모는 작고 속도는 더디지만 국내 티 시장도 조금씩 앞으로 나아갔습니다. 이마트에 트와이닝 제품을 공급하기 시작한 2005년 6월이 전환점이었습니다. 이후 다른 대형마트를 비롯해 대부분의 유통채널에 입점되었고, 2012년 7월부터 뷰티스토어인 올리브영 전국 매장에도 트와이닝 제품이 진열되었습니다. 당시 올리브영 매장이 170개였는데 지금은 1,200여 개에 이릅니다.

4개 브랜드 체제를 구축한 2005년부터 사업이 본 궤도에 오른 셈입니다. 티 콘텐츠와 문화를 전파하는 게 급선무였습니다. 저변이 넓어져야 수요가 커지고 매출이 오르는 법이지요. 그래서 시작한 게 티 콘텐츠를 담은 4페이지 분량의 〈티나라(Teanara)〉입니다. '사람과 마음을 연결하는 홍차'라는 슬로건으로 홍차 종류, 레시피, 신제품 등을 소개했습니다. 카페 프랜차이즈 본사, 호텔, 골프장, 백화점 문화센터, 대학교 사회교육원 등에서 '찾아가는 홍차 교육'도 진행했습니다. 소규모 교육이었지만 하나 둘 쌓이며 더디지만 차곡차곡 저변을 넓히는 데 기여했다고 봅니다.

트렌드에 민감한 한국 티 시장

아무래도 전국 단위 매장에 입점했으니 수입물량이 크게 늘었겠습니다.

전보다야 절대적인 양은 늘었지만 판매량은 비례하지 않았습니다. 7~8년 정도 지나서야 어느 정도 판매량이 따라왔지요. 문제는 품목별로 판매량이 차이가 나니 일정하게 재고를 유지하는 게 힘들었습니다. 상대적으로 어떤 품목 재고가 빨리 소진되면 급하게 비싼 항공을 이용해야 했습니다. 사실 대형 거래처가 마냥 좋은 것만 아니에요. 전국 매장에 일단 제품을 깔아야 하는데 자금압박이 심했습니다. 매입비는 큰 덩이로 나가고, 매출액은 조각으로 나뉘어 천천히 들어오기 때문이죠.

빠르게 변하는 티 소비 트렌드에 대응하는 것도 만만치 않았어요. 어떤 시즌에 잘 팔렸던 터라 예년보다 많게 재고를 확보했지만 예상과 다르게 팔리지 않는 경우도 종종 있었습니다. '레몬 앤 진저' 티가 그래요. 2년 정도 답보상태에 있다가 꾸준한 마케팅 덕에 5~6년 잘 팔렸지만 급격하게 수요가 줄더라고요. 차 문화가 발달한 영국, 중국, 일본과 다르게 한국은 트렌드에 민감하다는 걸 절감했습니다.

갈수록 온라인 시장이 커지고 있어 오프라인 매출에 영향이 있겠죠?

지속적으로 오프라인 매출이 떨어지고 있습니다. 그렇지만 전체적인 티 수요는 꾸준히 늘고 있어요. 오프라인 매출 감소는 유통 채널이 다양해졌기 때문입니다. 어느 정도 예견되었시만 코로나19로 이런 추세가 더욱 강화되겠지요.

나름 2010년대 중반부터 온라인 유통채널을 활용하고 있습니다. 쿠팡, 이마트몰 등 대형 온라인몰에 입점했고, 2016년에는 '3가지 차를 하루 3잔씩 마시자'는 뜻으로 자체 온라인몰 'tea33(www.tea33.co.kr)'을 오픈했습니다. 2021년 올해에는 네이버 스토어팜에도 온라인 판매채널을 개설해 운영하고 있습니다.

잇따른 계약종료, 새 브랜드 런칭

그런데 2020년 트와이닝과 계약이 종료됩니다. 또 다시 위기를 맞았네요.

이런 일도 여러 번 겪다보니 덤덤하더군요. 힘겹게 브랜드를 키웠던 웨지우드도 2011년을 끝으로 계약이 종료되었어요. 2007년 세계 금융위기 때 웨지우드가 미국 사모펀드에 인수되었고, 한국에 지사를 설립하면서 중단된 거죠. 트와이닝은 저희보다 규모가 큰 다른 업체와 계약을 맺었습니다.

시기의 문제일 뿐 계약종료는 언제든 일어날 일이었다 여기고 훌훌 털어버렸습니다. 새로운 브랜드를 찾았고, 그래도 30년 넘게 다져온 마케팅 기반 덕에 빠르게 회복되고 있어요. 이 위기가 저희를 더욱 탄탄하게 할 겁니다.

2020년 8월 영국 테틀리와 캐나다 비타민티, 2021년 1월 영국 햄스테드를 런칭합니다. 어떤 브랜드인가요?

테틀리(Tetley)는 1837년 영국 요크셔에서 설립되었습니다. 영국 판매량 1위 티 브랜드로서 테틀리 얼그레이는 2016년 영국 식음료시상식(Great taste award)에서 우승하기도 했습니다. 비타민티(Vitamin Tea)는 미국의 대표적인 크라우드 펀딩 사이트 '킥스타터' 펀딩을 계기로 설립되었습니다. 스리랑카 다원의 홍차와 캐나다에서 개발한 비타민을 접목한 기능성 티입니다. 햄스테드(Hampstead)는 1995년 설립된 영국 유기농 티 브랜드입니다. 네팔 북동쪽 마카이바리 다원에서 유기농으로 재배된 차로 만듭니다.

정통 홍차 외에 과일티, 허브티로는 영국 과일 및 허브차 시장의 45% 이상을 점유하고 있는 런던 프룻&허브(London Fruit&Herb)와 1920년 영국에서 설립된 허브티 전문 브랜드, 히스앤헤더(Heath&Heather)가 있습니다.

2005년 개발한 자체 브랜드 '알펜로제'

자체 브랜드 '알펜로제'를 2005년에 개발했는데요. 수입 브랜드의 부침(浮沈)에 대비한 건가요?

오래오래 함께 하면 좋겠지만 어쨌든 수입 브랜드는 기

간을 설정한 계약관계이니 유동적일 수밖에 없습니다. 포트넘앤메이슨 일을 겪으며 이를 대비해야 한다고 마음먹었죠. 2005년 여러 브랜드와 계약을 맺었지만 이 때에 자체 브랜드 '알펜로제(Alpenrose)'도 개발했습니다. 독일산 허브티 원료를 들여와 페퍼민트, 카모마일 2종으로 시작했어요.

알펜로제는 쌍떡잎식물로 진달래목 진달래과의 상록관목입니다. 피레네산맥이 원산지로 에델바이스와 더불어 유럽 산악인들에게 인기가 높지요. 7~8월에 연한 붉은색 또는 진분홍색 꽃이 피어서 '알프스의 봉우리가 아침저녁으로 붉게 비친다'는 뜻의 형용사로도 쓰입니다.

알펜로제도 어느덧 런칭한 지 16년이네요. 아직도 걸음마 단계이지만 앞으로 수입 허브, 홍차 원료뿐 아니라 다양한 국내산 원료를 접목해 한국형 차 소비 트렌드에 부응하는 제품을 적기에 선보일 계획입니다.

이런 방향에서 다이어트, 건강에 초점을 맞춰 개발한 제품이 '새싹보리 플러스'입니다. 기존 알펜로제 제품과 달리 국내산 유기농 새싹보리를 사용했습니다. 걸음마를 넘어 뜀박질의 시작을 알리며 알펜로제의 지향점을 엿볼 수 있는 제품입니다.

2005년부터 이탈리아 커피 '마뉴엘' 수입유통

커피와 티는 카페라는 소비공간에서 상호 보완적입니다. 티 전문 기업이지만 이탈리아 원두커피 '마뉴엘'을 수입유통한 시점도 15년이 흘렀네요.

마뉴엘(MANUEL) 커피는 2004년 이탈리아 리미니에서 열린 SIGEP(젤라또, 제과, 커피 전문 전시회)에 참관했을 때 알게 되었습니다. 당시 국내에 들어오지 않은 브랜드여서 눈에 띄었죠. 여러 해외 커피 브랜드가 경쟁하고 있었지만 커피부흥기가 시작될 즈음이어서 지금 시작해도 늦지 않을 듯했습니다. 2005년 9월 마뉴엘과 계약을 체결하고 커피를 수입하기 시작했습니다.

그러다 2006년 8월, 용산역 아이파크몰이 직영으로 운영하는 카페에 사용할 커피를 입찰한다는 소식을 들었어요. 시일이 촉박해 급하게 항공으로 마뉴엘 커피 샘플을 받고 입찰에 참가했어요. 총 12번의 블라인드 테스트가 있었고, 마뉴엘이 선정되었습니다. 당시 아이파크몰 대표님이 관행화돼 있던 커피머신 협찬을 절대 받지 말라고 지시했다는 이야기를 나중에 들었습니다. 오로지 커피의 맛과 품질만으로 업체를 선정하라는 거였어요. 덕분에 커피 사업 첫 단추가 잘 끼워졌습니다.

현재 국내 로스팅 커피가 강세여서 수입 원두커피는 손에 꼽을 정도인데요. 마뉴엘은 어떤가요?

티가 주력사업이어서 적극적으로 커피 사업을 펼치지는 못했어요. 그러다 2014년 마뉴엘 브랜드로 카페 프랜차이즈 사업을 추진한 적이 있습니다. 마뉴엘은 커피 외에도 잔, 유니폼, POP 등 커피숍, 카페 운영과 관련된 다양한 액세서리를 제작하고 있어 정통 이탈리안 카페 분위기를 연출할 수 있다는 장점이 있지요. 테이크아웃 매장보다 좀 크고 홀 매장보다 작은 공간에 의자가 없는 스탠딩카페 콘셉트였습니다. 그러나 이 사업에 참여하기로 한 투자자 사정으로 중단되었어요.

크게 확장은 못해도 마뉴엘 커피를 15년 동안 유지해온 것에 점수를 주고 싶습니다. 말씀처럼 몇 개 남지 않는 해외 커피 브랜드 중 하나입니다. 앞으로 여건이 마련되는 대로 저희 사옥 부근에 직영 숍을 운영할 계획입니다.

'건강 지킴이' 좋은 영향을 끼치는 회사

한국농수산식품유통공사 발표자료[23]에 따르면 건강과 다이어트를 강조한 차와 홍차가 부각되고 있습니다. 향후 국내 티 시장 전망과 계획이 궁금합니다.

한국 티 시장의 특징은 트렌드에 민감하다는 점입니다. 편의점에는 건강, 다이어트를 어필하며 다양한 RTD(Ready To Drink) 티 음료가 진열돼 있는 것을 확인할 수 있어요. 그만큼 시장이 성장하고 있다는 반증이죠. 밀크티 붐으로 잎차 수요도 늘고 있습니다. 커피시장의 1/10 정도 수준이지만 커피의 보완재로서 티 시장은 꾸준히 성장하리라 봅니다. 이에 맞춰 트렌드에 부응하는 제품을 적극 개발할 계획입니다. 2021년 선보인 '새싹보리 플러스'는 첫 신호탄이고요.

더욱 중요한 건 '건강 지킴이 회사'라는 정체성을 확고히 하는 것입니다. 티 사업을 시작하면서 품었던 지향점이기도 하고요. 하루 3잔씩 티를 마시자는 메시지를 꾸준히 전하겠습니다. 건강도 챙기고 일상의 여유와 행복을 누릴

---

23) 한국농수산식품유통공사, 〈2018 가공식품 세분시장 현황-다류 시장〉

수 있기 때문이죠.

    제품뿐 아니라 조그만 힘이나마 사회에 좋은 영향을 끼치는 회사로 성장하고 싶습니다. 회사 설립 때부터 몇몇 사회복지기관, NGO 등에 매월 10만원씩 기부하고 있는데, 월 100곳으로 늘리는 게 목표예요.

> 더욱 중요한 건 '건강 지킴이 회사'라는
> 정체성을 확고히 하는 것입니다.
> 티 사업을 시작하면서 품었던
> 지향점이기도 하고요.
> 하루 3잔씩 티를 마시자는 메시지를
> 꾸준히 전하겠습니다.
> 건강도 챙기고 일상의
> 여유와 행복을 누릴 수 있기 때문이죠.

[after **interview**]

㈜에스앤피인터내셔널은 2019년 안양시에 신축된 건물 안에 사옥을 마련했다. 회사설립 후 17년 만이다.
"늘 자금압박에 시달렸어요. 지금까지 몇 개월 동안 직원들에게 약정한 급여에서 70%밖에 지급하지 못한 적이 3번 정도 있었는데 그때 기억이 떠오르네요."
수입업은 자금과의 전쟁이다. 뭉텅이로 돈이 나가고, 재고부담을 떠안는다. 김호기 대표는 특히 겨울이 힘들었다고 한다. 한 해 물량을 수입해야 하는 시점이 연말연시였기 때문. 난방온도를 높인 것도 아닌데 땀이 흥건한 채로 새벽에 잠을 깨기 일쑤였다. 흰색 내의가 노랗게 변했다.
"그래도 여기까지 온 게 어디에요? 아동이었던 두 아이가 성인으로 잘 성장했고, 이렇게 회사 명의로 사무실도 구입했으니 그저 감사할 따름이에요. 아직 경제적인 성과를 거두진 못했지만 건강을 지키는 회사의 가치를 구현하며 행복한 마음으로 지내렵니다."
한 푼이 아쉬운 시기에도 매월 자동이체로 묶어둔 기부금은 건드리지 않았다. 17년간 쌓은 정성이 통장내역에 빼곡하다. 티 마스터, 김 대표는 행복한 다다(茶茶) 일상의 문화뿐 아니라 나눔의 기쁨도 전하고 있다. 그의 영문이름 '헤럴드(herald)'처럼.

㈜에스앤피인터내셔널 주요 연혁
www.snpinternational.co.kr

2002. 6.	회사 창립, 포트넘앤메이슨 브랜드 취급
2003. 8.	영국 웨지우드 브랜드 런칭
2004. 9.	영국 트와이닝 브랜드 런칭
2005. 5.	영국 위타드오브첼시 브랜드 런칭
2005. 9.	이탈리아 카페 마뉴엘 브랜드 런칭
2005. 12.	카자흐스탄 수출 시작 및 해외사업부 설립
2006. 5.	트와이닝 브랜드 이마트 입점
2006. 11.	트와이닝 브랜드 홈플러스 입점
2007. 2.	위타드 브랜드 홈플러스 입점
2009. 5.	트와이닝 브랜드 코스트코 입점
2011. 11.	트와이닝 브랜드 롯데마트 입점
	타이푸(Typoo), 히스앤헤더(Heath&Heather) 런칭
2012. 7.	트와이닝 브랜드 CJ 올리브영 입점
2012. 12.	트와이닝 브랜드 빅마켓 입점
2013. 1.	트와이닝 브랜드 킴스클럽 입점
2014. 7.	트와이닝 브랜드 코리아세븐 입점
2014. 12.	쿠팡 입점
2015. 3.	이마트에브리데이 입점
2017. 3.	연구소 설립
2017. 6.	벤처기업 인증
2019. 9.	ISO 9001인증, 농생명산업기술개발과제 수행
2019. 11.	직무발명보상우수기업 인증
2020. 1.	인재육성형 중소기업 지정
2020. 8.	영국 테틀리 브랜드 런칭, 캐나다 비타민티 브랜드 런칭
2021. 1.	영국 햄스테드 브랜드 런칭

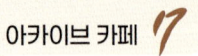

홍차의 세계

차는 발효의 정도에 따라 완전 발효된 차를 홍차(Black tea), 반 정도 발효된 차를 우롱차(Red tea), 발효되지 않은 차를 녹차(Green tea)라 한다.
홍차, 녹차, 우롱차 모두 차나무에서 나온 한 형제인 셈이다. 홍차는 구성내용에 따라 스트레이트 티, 블렌드 티, 플래버 티로 나뉜다.
스트레이트 티는 100% 원산지의 차를 말한다. 세계 3대 스트레이트 티 산지는 인도, 스리랑카(실론), 중국이고, 이들 지역의 산지 이름을 따 홍차 브랜드로 통용된다.
시중 홍차 중 상당수는 여러 스트레이트 티를 블렌드(blend)한 것이다. 100% 원산지 차로 만들면 비용이 많이 들 뿐 아니라 해마다 풍미가 조금씩 달라지므로 원가를 낮추고 품질을 일정하게 유지하기 위해서다. 플래버 티는 찻잎에 베르가못(bergamot), 정향나무(clove), 사과, 딸기, 망고, 피치 등의 향을 더한 차로 종류가 다양하다.

스트레이트(straight) 티

국가	종류	산지	특징
인도	다즐링 (Darjeeling)	인도 북동부의 히말라야 기슭 고지대	세계 3대 홍차 중 하나로 생산량이 적어 고가이며 일반 홍차와는 다른 기준으로 등급을 나눈다. 최고급품은 머스캣(사과향) 향기를 내며 '홍차의 샴페인'으로 불린다.
	아쌈 (Assam)	인도 동북부의 정글 지방(세계 최대 차 생산지)	햇볕이 강렬하고 비가 자주 내리는 아쌈 지방의 기후에서 나오는 차답게 뚜렷하고 강한 맛과 몰트(malt) 향, 진홍빛 색이 잘 어우러졌다.
	닐기리 (Nilgiri)	인도 남부 고원 지대	스리랑카와 기후가 비슷한 인도 남부지방에서 나오므로 여러 면에서 실론티와 비슷하다. 색이 선명하고 다른 인도산 차보다 개성이 뚜렷하지 않아 주로 블렌드 차로 쓰인다.
스리랑카 (실론)	우바 (Uva)	스리랑카 남동부 우바 고원지대	세계 3대 홍차 중의 하나로 색깔은 약하나 맛과 향이 강해 '실론티 중의 실론티'로 불린다.
	덤불라 (Dimbula)	스리랑카 중앙산맥 서부	우바보나 맛과 향이 약한 부드러운 차
	누와라 엘리야 (Nuwara Eliya)	스리랑카 중앙산맥 남서부, 해발 1800m 이상 고산지대	다즐링과 같이 고산지대에서 나는 차답게 야생 화초와 같은 향기와 맛을 지닌 차
중국	키먼 (Keemun, 祁門)	중국 안미성(安微省)(상하이 근처로서 최초로 홍차가 만들어진 곳으로 추정)	세계 3대 홍차 중 하나로 난초의 향 같은 특이한 향기가 일품이다.
	랍상 소우총 (Lapsang Souchong, 正山小種)	중국 복건성(福建省)	찻잎을 그을려 만들기에 소나무 향이 난다.
	윤난(Yunnan, 雲南)	중국 운남성(雲南省)	맛이 진한 밀크티에 어울리는 차로 이곳에서 재배되는 것은 아쌈(Assam) 계통의 차나무

255

아카이브 카페

블렌드(Blend) 티

종류	주성분	특징
잉글리시 브렉퍼스트 (English Breakfast)	실론차와 인도차 또는 키먼차의 블렌드	가는 찻잎을 써서 차가 빨리 우러나오며 맛과 향이 강하다.
아이리시 브렉퍼스트 (Irish Breakfast)	대부분 아쌈차	매우 강렬한 차로서 우유와 설탕을 듬뿍 넣어서 마신다.
오렌지 페코 (Orange Pekoe)	실론차와 인도차의 블렌드	홍차 하면 연상되는 전형적인 색과 맛, 향기를 띠고 있다. 어느 때나 즐길 수 있고 여름철 아이스티로 만들어 마시면 더욱 좋다.
로얄 블렌드 (Royal Blend)	제조사마다 다름	전통적인 영국 타입의 홍차로서 엄선한 다즐링, 아쌈차에 실론차를 블렌드 했다.
애프터눈 (Afternoon)	주로 아쌈차	부드러운 맛

플래버리(flavory) 티

종류	주성분	특징
얼그레이 (Earl Grey)	중국 키먼이나 실론차 + 베르가못(bergamot)향	아침 식사 후나 기름진 음식을 먹고 난 후 마시면 상쾌한 기분을 느낄 수 있다. 영국의 수상이었던 그레이 백작에게 진상된 것에서 유래한다.
레이디 그레이 (Lady Grey)	중국 키먼이나 인도차 + 오렌지 향	오렌지 향이 상큼한 느낌을 전달하고 처음 홍차를 접하는 사람들도 부담없이 즐길 수 있는 홍차

10

합리주의를 이어 'K커피'로

이상호 | ㈜카페예(1킬로커피) 대표

합리주의를 이어 'K커피'로

2012년 3월, '국내 최초 연합사보'를 표방한 카페문화지 〈카페人〉이 창간된다. 십시일반 비용을 부담해 함께 사보를 만든다는 개념은 생소했지만 기존과 다른 홍보 방식을 찾던 3개 기업이 참여했다. 단지 자신의 브랜드 홍보뿐 아니라 기지개를 켜기 시작한 국내 카페 문화를 더욱 넓히는 데 기여하자는 뜻도 함께 했다. 연합사보 프로젝트에 참여한 곳 중 하나가 설립한 지 채 1년이 안 되었던 ㈜카페예(1킬로커피)였다.

"대학동기이자 30년 지기였던, 2014년 안타깝게 작고한 ㈜새남에프앤비 한진웅 대표에게 연합사보 이야기를 들었습니다. 카페문화지라는 콘셉트가 제가 생각한 방향과 맞았습니다. 일방적인 홍보보다 소비자들이 커피 한 잔의 가치를 만끽할 수 있도록 콘텐츠를 제공하는 게 더디더라도 탄탄하게 브랜드를 키우는 거라 생각했습니다."

이상호 대표에게 커피는 인생이모작을 열게 한 문이다. 10여 년 간 증권사, 주류회사를 거쳐 반도체 장비, 플랜트, IT기기 제조사 등에서 사무직으로 일했다. 재무담당이었던 그는 회사가 코스피에 상장하는 데 주도적인 역할을 했고, 계열사 대표로 승진해 창업 전까지 IT기기 제조사에서 근무했다. 증권사를 빼곤 모두 제조업이었다.

"뭔가 내 사업을 하고 싶었는데 한진웅 대표가 원두커피 제조업을 제안하더군요. 원두커피는 시장이 형성돼 있고 앞으로도 계속 성장할 것이기에 해볼 만하다고 봤습니다."

그의 말처럼 2000년대 들어 꿈틀대던 한국 커피산업은 가파른 성장세를 이어갔다. 2010년대 들어 시장포화를 우려하는 목소리도 있었지만 성장세는 지금도 진행형이다. 10년 전, 한국 커피시장은 후발주자에게 아직 기회의 땅이었다.

이 대표도 이 시기에 커피사업을 시작했다. 2011년 7월 법인을 설립했고, 이듬해인 2012년 초 첫 제품을 출시했다. 카페예는 사업초기부터 대리점 유통(도매) 대신 직거래 유통(소매)을 고수했다. 그러다 1년여의 준비기간을 거쳐 2012년 11월 서울 카페쇼에 맞춰 1킬로커피(www.1kgcoffee.co.kr) 쇼핑몰을 오픈했다.

지금도 그 광경이 떠오른다. 1킬로커피 부스에는 '원두커피 100g 1천원 판매'를 알리는 현수막이 걸렸고 그 앞은 구매행렬이 길게 이어졌다. 전시회에 맞춰 제작한 1킬로커피 로고송도 흘렀다. 여기에 구수한 커피 향까지…. 시각, 청각, 후각이 버무려진 기억이다.

1킬로커피는 '합리적 커피생활 제안'이라는 슬로건에서 보듯 '합리주의'를 표방한다. '전통적 관습이나 주관적 감정이 아닌, 이성적 판단에 따라 행동하는 태도'라는 사전적 정의처럼 기존 원두커피 시장의 관습적인 방식에서 탈피해 유통구조, 생산방식, 마케팅 혁신을 일궜다. 소비자와 직거래 유통구조로 가격을 합리적으로 맞췄다. '하루 전 주문, 당일 생산'으로 재고 부담은 덜고 맛과 향의 경쟁력은 높였다. 싱글오리진 원두커피를 핵심 상품으로 구성해 대륙 산지별 커피 라인업을 구축했다. 싱글오리진, 블렌딩 원두커피를 시작으로 스페셜티커피(2014년), 드립백(2016년), 디카페인(2018년), 콜드브루(2019년), 캡슐커피(2021년)에 이르기까지 제품군별 커피 라인업을 완성했다. 커피에 담긴 문화적 요소를 전파하는데도 힘썼다. '찾아가는 협찬 마케팅'이라는 이름으로 연주회, 출판기념회, 학술대회 등 여러 문화행사장에서 커피를 제공했다. 카페문화지 〈카페人〉 제작에 참여한 것도 이런 배경이었다. 1킬로커피 블로그에 걸린 '커피, 그 이상의 무게'라는 문구처럼 그 여정은 묵직했다.

　1킬로커피 온라인쇼핑몰은 회원 7만 명을 둔 대표적인 원두커피 사이트로 자리 잡았다. 대형 오픈마켓과 소셜커머스가 주도하는 이커머스(e-commerce) 시장에서 단일 품목으로 이런 입지를 다지기란 결코 만만치 않은 일이다.

신공장으로 이전, 담대한 꿈

먼저 2021년 5월 착공한 신공장 이야기부터 했으면 합니다. 공장을 이전한다는 게 큰 결단이었을 거라 짐작되고도 남네요.

회사가 나름 성장하면서 인력뿐 아니라 공간에 대한 필요성을 절감하고 있었습니다. 그러다 3년 전 농림부에서 전북 익산시에 국가식품클러스터를 조성한다는 소식을 들었을 때 과감하게 공장 신축, 이전을 결정했어요. 커피 제조업은 연구개발이 매우 중요한데, 비용부담 때문에 엄두를 못낸 경우가 많습니다. 국가식품클러스터에는 신제품, 신기술 개발을 위한 실험, 테스트 장비 지원이 잘 갖춰져 있어요. 이를 잘 활용해 새로운 도약의 발판을 마련하려 합니다. 이제 한국 커피산업도 해외로 적극 진출할 때가 되었다고 봅니다. K팝, K무비, K반도체, K방역처럼 'K커피'를 이끄는 회사로 성장하는 게 꿈이에요.

'K커피'라니 제 마음도 부풀어 오르네요. 이런 포부를 갖기까지 지난 10년의 여정이 궁금합니다. 회사를 설립한 2011년 당시에 한국

커피시장은 이미 포화상태라는 평가도 있었는데, 사실 저도 그런 줄 알았습니다. 어떻게 커피사업을 결심했나요.

창업하기 전까지 대부분 제조업체에서 일했습니다. 경영정보대학원을 졸업하고 증권사에서 근무한 경험 덕에 재무를 담당했습니다. 회사는 몇몇 계열사를 둔 중견 그룹으로 성장했지요. 40대 중반에 이르면서 제 사업을 해봐야겠다고 생각하고 있었는데, 대학 동기이자 오랜 친구인 한진웅 ㈜새남에프앤비 대표가 원두커피 제조업을 권하더군요.

2008년 세계 금융위기를 겪으며 10년 단위로 경기가 요동치는데 경기가 좋고 나쁜 것과 상관없이 지속가능한 시장이 무엇일까 고민해왔어요. 커피라는 말을 들었을 때 커피에 대해 아무것도 몰랐던 처지였지만 시장이 형성돼 있고 완만하지만 지속적으로 성장할 것이라 보았습니다. 그동안 일했던 곳이 반도체 장비, 철강재 구조물, IT기기 등을 만드는 회사였는데, 커피와 비교했을 때 물성은 다르지만 제조업이라는 본성은 같지요. 커피사업에도 프랜차이즈, 유통, 제조 등 여러 분야가 있지요. 제조업 경험이 있던 터라 원두커피 제조업으로 창업의 방향을 잡았습니다. 더욱이 제가 경험했던 제조업과 비교했을 때 커피는 규모도 작고 심플해요. 이미 시장이 있는 곳이니 그 안에서 뭐든 해볼 수 있겠다 생각했습니다.

'마음으로 키우는 나무' 카페예

말씀처럼 커피 문외한이었을 텐데, 창업 준비과정이 궁금합니다.

한진웅 대표를 빼놓을 수 없지요. '타코' 브랜드로 카페음료용 파우더를 제조, 유통하고 있던 그는 커피사업에 남다른 관심을 갖고 있었습니다. 꾸준히 커피전문가들과 교류하고 지식을 쌓았지요. 카페예가 자리를 잡으면 저와 함께 더 큰 사업을 해보리라는 꿈을 꾸었어요. 1년여 동안 그의 도움으로 커피를 배우며 커피사업에 한발씩 다가갔습니다.

당시 제가 전문경영인으로 있던 IT기기 회사는 정리 단계에 있었어요. 그 회사 대표로 간 건 뒷정리를 하기 위해서였습니다. 회사를 정리하며 대부분 직원들은 다른 계열사로 이직시켰고, 김영순(현재 카페예 마케팅 이사) 과장과 다른 직원 1명을 데리고 본격적으로 창업을 준비했습니다. 그룹사로 자리를 옮길 수 있었지만 누군가의 자리를 밀어낸다는 게 내키지 않았습니다. 이참에 준비했던 사업을 시작하자 맘먹었습니다. 저는 제조를 맡고, 한 대표는 상품기획과 마케팅을 맡기로 했습니다. 2011년 7월, 경기도 광주시 능평리에 공장과 사무실을 마련하고 법인을 설립합니다.

'카페예'는 무슨 뜻인가요.

'커피나무(cafeier)'라는 뜻입니다. 법인설립 등기를 내기 전 창립멤버들의 아이디어를 모아 지은 이름입니다. 회사가 나가야 할 방향을 제시하고 아이디어를 내보라고 했습니다. 후보 이름 중 '카페예'가 생소하기도 해서 아이디어를 낸 디자이너 직원에게 물어봤는데, 프랑스어로 '커피나무'라고 하더군요. 옥편을 뒤져 찾은 '꽃술 예(蘂)'에서 힌트를 얻었다고 하더군요. 마음심(心) 자와 나무목(木) 자가 있어, '마음으로 키우는 나무'라는 의미도 담았으니 회사이름으로 제격이었어요.

지금은 원두커피 제조와 판매만 하고 있지만 회사설립 시의 포부는 원두커피뿐 아니라 장비, 카페창업컨설팅을 아우르는 '토털 커피 비즈니스 기업'이 되겠다는 거였습니다. 초기에 커피머신을 취급한 것도 이 때문이었습

> "힘겹게 쇼핑몰을 만들었지만
> 또 하나의 과제가 브랜드를
> 알리는 일이었습니다.
> 우선 계속 해왔던 것처럼
> 1킬로커피 상표가 붙은 샘플을 가지고
> 카페를 돌며 루트세일을 했습니다.
> 과감하게 1kg짜리 한 봉을 드렸어요.

니다. 원두커피에 집중하기 위해 커피머신, 카페창업컨설팅은 중단했지만 무럭무럭 가지를 뻗는 커피나무처럼 '토털 커피 비즈니스 기업'으로 성장하겠다는 마음은 간직하고 있어요.

초기 상품기획은 어떻게 했는지, 첫 제품은 언제 출시했나요.

자영카페를 주 소비층으로 설정하고 먼저 블렌딩 커피를 기획했습니다. 카페 입장에서 보면 다양한 소비자의 입맛에 부응하기 위해서는 효율적으로 일정한 맛을 내는 커피가 필요하고, 그게 블렌딩이었어요. 싱글오리진은 저마다 특성이 뚜렷해 호불호가 나뉘어서 메뉴를 관리하기 힘들기 때문이죠.

2012년 초 첫 제품으로 '버보니아' 시리즈를 출시합니다. 브라질 '옐로 버본(Yellow Bourbon)'을 기본으로 여러 가지 원두를 블렌딩한 제품입니다. 2011년 추석에 선물세트로 첫 매출을 올렸지만 본격적인 제품은 이거라 할 수 있어요. 이어 개발한 블렌딩 제품이 '달달, 구수, 상콤, 설렘' 4종입니다. 단맛, 짠맛, 쓴맛, 신맛, 감칠맛 등 맛의 본질적 속성을 직관적으로 제품명에 반영했습니다.

처음으로 참가한 전시회가 2012년 4월에 열린 서울 커피엑스포(사단법인 한국커피연합회 주최)였는데, 그야말로 빅히트를 쳤습니다. 그때 '온리원 에쏘(Only 1 Esso; 당신만을 위한 에스프레소)'라는 브랜드를 선보였는데, 자영카페를 타깃으로 카페별 맞춤형 원두커피를 제공한다는 것을 알리는 홍보 브랜드였습니다.

 브랜드 메시지를 분명하게 전달하는 방법을 고민하던 중 한 직원이 아이디어를 냅니다. '약 봉지' 이벤트였습니다. 병원이나 약국에 가면 '진료는 의사에게, 약은 약사에게'라는 문구를 볼 수 있는데 이걸 차용해서 '진료는 의사에게, 커피는 카페예에게'로 하자는 거였죠. 맞춤형으로 원두커피를 만들어준다는 의미와 함께 전문성을 어필할 수 있었습니다. 9종의 원두를 소량씩 약 포장지에 넣어 진열해 놓고 방문객들이 이중 4가지를 선택하면 그걸 약봉지에 담아 주는 방식으로 이벤트를 진행했습니다. 문전성시였어요. 이후 매번 전시회 나갈 때마다 새로운 이벤트를 선보였고, 비교적 빠른 시간 안에 인지도를 넓힐 수 있었습니다.

1킬로커피의 탄생

카페예의 대표 브랜드 '1킬로커피(1kgcoffee)'와 온라인 쇼핑몰이

2012 11월, 본격 런칭합니다. 배경이 궁금하네요.

상품 샘플을 들고 전국의 카페 거리를 돌며 영업을 했습니다. 시간과 발품을 팔아야 하지만 루트세일(Route Sale)은 분명 효과적입니다. 그러나 빠르게 거래처를 늘리는 데 한계가 분명했어요. 영업사원을 많이 두기도 힘들고…. 대리점 도매도 검토했지만 가격경쟁력을 갖추기 힘들었고 마진 구조가 너무 안 좋았어요. 그래서 루트세일과 병행해 저희 제품을 알리고 판매할 수 있는 방법으로 온라인쇼핑몰을 선택한 거죠.

1킬로커피라는 브랜드명이 독특하고 직관적입니다. 어떤 의미인가요.

이 브랜드는 한진웅 대표가 아이디어를 냈습니다. 처음 들었을 때 좀 뜬금없게 느껴져 이유를 물었더니, 아무리 작은 카페라도 하루에 커피 1kg은 써야 카페를 유지할 수 있기 때문에 '성공하는 카페는 1kg의 커피를 소비한다'는 의미를 담았다고 하더군요. 그라인더 호퍼에 담긴 커피는 커피머신의 열기를 받아 맛이 빠르게 변질되거든요. 회전이 빠를수록 커피 맛이 좋은 이유입니다. 맛이 좋으면 매출도 늘겠죠. 한 대표는 판매단위를 1kg으로 통일하고 포장도 고급스럽게 할 필요 없이 품질과 가격으로 승부를 걸자고 덧붙였습니다. 듣고 보니 치밀한 고민의 결과였어요. 중간 유통단계가 없으니 가격경쟁력도 갖추고 적정 마진도 확보할 수 있기 때문입니다.

그런데 카페영업은 B2B 비즈니스인 셈이라 1kg 용량이 문제가 없었는데, 일반 소비자들에게는 좀 부담스러운 양이었어요. 200g, 500g짜리도 만들어달라는 요청이 많았고요. 그렇다고 포장단위를 다양화하기에는 생산원가 부담이 커져 당장 그렇게 할 수 없었습니다. 그래서 200g, 500g 소용량 봉투를 실비로 판매하는 아이디어를 냈고, 소분해서 냉동보관하면 오래도록 신선하게 커피를 즐길 수 있다고 안내했습니다.

1킬로커피는 전시회에 강하다는 평가를 받곤 하는데요. 전시회장에서 1킬로커피 부스는 늘 방문객으로 붐빕니다. 전시회 외에 브랜드를 어떻게 알렸는지요.

힘겹게 쇼핑몰을 만들었지만 또 하나의 과제가 브랜드를 알리는 일이었습니다. 우선 계속 해왔던 것처럼 1킬로커피 상표가 붙은 샘플을 가지고 카페를 돌며 루트세일을 했습니다. 과감하게 1kg짜리 한 봉을 드렸어요. 사용하던 원두를 바꾸기 위해 테스트를 하려면 최소 1kg은 되어야 하기 때문이죠. 대부분 샘플을 받았고, 피드백 비율도 높았습니다.

커피 전시회는 가장 효과적인 홍보 루트였어요. 일단 커피에 관심이 많은 사람이 모이는 곳이니까요. 앞서 2012년 처음으로 참가한 전시회 이야기를 했는데, 1킬로커피 런칭을 알리고 '1천원의 행복' 이벤트로 빅히트를 쳤던 곳도 2012년 11월 열린 서울 카페쇼였습니다.

쌀집에서 쌀을 퍼 담아주듯 싱글오리진 종류별로 커다란 통에 원두커피를 담아두고 100g에 1천원씩 판매했습니다. 1킬로커피 로고송도 만들어 전시 기간 내내 틀었습니다. 흥겨운 장터 분위기였고, 관람객들로부터 큰 호응을 얻었습니다. 정산해보니 약 8천 명이 이벤트 상품을 구매했더군요. 관람시간으로 나누면 분당 4.7명이었습니다. 이후 '1천원 이벤트'는 1킬로커피를 상징하는 전시 이벤트로 정착합니다.

커피라는 단일 카테고리로 쇼핑몰을 구축하고, 회사 매출의 대부분을 발생시키는 게 만만치 않았을 텐데….

2013년 4월 커피엑스포에서도 반응이 뜨거웠어요. 전체 관람객 3만 명 중 4천 명이 1킬로커피 부스를 방문해 1만 개를 구매했습니다. 약 1톤, 시간당 144명, 하루 250kg씩 구매한 셈입니다. 연달아 전시회에서 큰 호응을 얻었고 쇼핑몰 오픈 3개월 만에 회원 수 1,500명을 넘었고, 2013년에는 6천명을 돌파했습니다. 소비자들의 입소문과 직원들의 구슬땀으로 일군 성과입니다. 그래도 손익분기점을 넘기지는 못했습니다. 더 많이 더 빠르게 브랜드를 알리는 게 관건이었죠. 지금은 안 하고 있지만 포털사이트 키워드 광고도 했고, 커피가 밀집한 지역을 찾아 루트세일도 병행했습니다.

2014년 4월 커피엑스포에서는 1천 원 이벤트 방식을 바꿨어요. 봉투에 담아드리다 보니 대기시간이 길어지고, 직원들은 원두커피를 담느라 정신이 없었습니다. 원가에 못 미치는 1천 원 이벤트를 하는 것은 브랜드를 알리는 것뿐 아니라 소비자 정보를 수집하는 데 있는데, 그럴 여력이 없었죠. 이에 미리 종류별로 원두커피 100g짜리 1만 개를 포장해놓고 판매했습니다. 봉투에 담는 시간이 줄어드니 현장상담도 하고 전화번호 등 고객정보를 수집할 수 있었어요. 물론 다 동의를 구하고 얻은 정보입니다. 3천여 건을 수집했고, 전시회 후 2차 마케팅을 진행해 이중 900명이

쇼핑몰 회원으로 가입했습니다. 이렇게 회원을 늘리는 일은 고단합니다. 노력의 결과는 회원 수 증가로 나타났고, 2015년에 안정화 단계에 진입하게 됩니다.

종횡무진, 커피 상품 라인업

마케팅의 핵심은 상품 구성(머천다이징)이라 할 수 있습니다. 1킬로커피 쇼핑몰을 오픈하며 싱글오리진을 전면에 내세웠는데, 2012년 당시만 해도 원두를 배합한 블렌딩 커피가 일반적이지 않았나요.

1킬로커피 쇼핑몰은 B2B 카페 고객뿐 아니라 일반 소비자도 주요 고객입니다. 구매량은 카페 고객이 훨씬 크지만, 회원 수는 일반 소비자가 더 많지요. 2011년 9월 일본 스페셜티커피협회 주최 전시회를 참관하며 많은 걸 배웠어요. 조만간 한국에도 산지별 특성이 담긴 싱글오리진 커피가 정착하리라 판단했습니다.

이에 이원화 전략으로 카페 타깃의 블렌딩 커피와 일반 소비자 타깃의 싱글오리진으로 상품을 구성했습니다. 결과적으로 이런 전략이 주효한 듯합니다. 커피의 소비 패턴이 분화되며 취향에 맞게 싱글오리진 커피를 찾는 소비자들이 늘어났거든요. 현재 아프리카 6개국, 아시아 4개국, 중남미 8개국의 커피를 판매하고 있습니다. 2014년 자메이카 블루마운틴을 시작으로 스페셜티커피도 하나씩 늘리고 있습니다. 장기적으로 전 세계 모든 커피생산국의 커피를 취급하는 게 목표예요.

커피산업이 발전하며 등급과 가격에 따른 스페셜티, 싱글오리진, 블렌딩 커피뿐 아니라 추출 방식에 따른 형태의 분화로 이어지고 있습니다. 전자가 종(從)적 분화라면 후자는 횡(橫)적 분화라 할 수 있겠네요. 그만큼 커피산업이 다면화되었다는 방증입니다. 1킬로커피도 이런 추이를 읽고 꾸준히 제품 라인업을 보강해왔지요?

1킬로커피는 전날 주문을 받으면 다음날 로스팅합니다. 주문형 생산이라 재고 부담이 없어요. 더욱이 미수금도 없고요. 그렇지만 시장상황에 따라 공격적 마케팅을 할 수 없는 단점이 있습니다. 홈쇼핑에 입점하려고 해도 기존 설비로는 물량을 맞출 수 없어요. 판매 추이를 보며 적정 재고를 유지해 대량주문에 대응할 수 있으려면 기존 원두커피와 다른 형태여야 했습니다.

이런 고민을 해결하기 위해 2016년 4월 개발한 제품이

드립백 커피입니다. 보관성이 좋아 어느 정도 재고를 갖고 마케팅을 진행할 수 있었죠. 간편하게 원두커피를 즐기려는 욕구에 부응하고 핸드드립의 향미도 느낄 수 있어 꾸준히 매출이 늘고 있습니다.

 2019년 4월 출시한 콜드브루 커피도 같은 맥락입니다. 콜드브루의 맹점은 추출시간이 오래 걸리는 거였는데, 저희 콜드브루는 '마이크로 버블 추출(Micro Bubble Brewing)' 공법으로 6리터를 생산하는 데 30분밖에 걸리지 않습니다. 더욱이 눅눅하지 않고 싱글오리진 고유의 맛이 납니다. 2021년 5월에는 캡슐커피를 출시했습니다. 오랜 연구개발의 결과입니다. 이로써 추출방식에 따라 다양한 형태의 커피 라인업을 갖추었습니다.

1킬로커피 온라인쇼핑몰에는 '공정무역' 카테고리가 있습니다. 국내 NGO에서 저개발국가 생산자들의 자립기반을 위해 수입한 공정무역 커피로 만든 제품들이죠. 이밖에 여러 복지기관에 후원도 하고 있지요?

 대중적 기호식품인 커피에 공익적인 가치를 담고 싶었습니다. 2012년부터 멕시코 치아파스, 동티모르 공정무역 생두를 구매하고 있습니다. 2014년 4월에는 (사)한국백혈

병소아암협회와 함께 공익연계 제품 '카페블렌딩 희망'을 개발했습니다. 판매액의 1%가 협회에 기부됩니다. 또한 2014년부터 서울시 여성보호센터에서 운영하는 '해오름 카페'에 매월 커피를 후원하고 있습니다.

    사업을 시작하면서 직원들과 함께 성장하는 것과 더불어 사회에 보탬이 되는 회사를 만들고 싶었어요. 공부는 별로 하지 않았지만 사회복지학과를 다니면서 알게 모르게 그런 마음이 생겼던 것 같아요.

커피, 그 이상의 가치

코로나19로 잠시 중단되었지만 매년 커피 수확기에 맞춰 해외 커피산지를 방문하고 있습니다. 커피나무를 찾아다닌 여정이라 할 수 있겠네요.

    2014년부터 콜롬비아, 페루, 에티오피아, 케냐, 르완다, 우간다 등을 다녀왔습니다. 몇 년 전부터는 주로 아프리카 산지국을 방문합니다. 구매자로서 수확한 생두의 상태를 확인하러 가는 건 아닙니다. 그 나라의 문화를 배우고, 커피생산자들과 교류하고 정보를 얻기 위해서죠. 산지국가의 기후, 토양, 재배방법에 대한 이해가 없으면 제대로 커피를 만들 수 없습니다.

갈 때마다 느끼는 게 현지 생산자들도 농법이나 가공방법을 개선하기 위해 열심히 노력하고 있다는 점입니다. 이런 모습을 그대로 소비자들에게 전달하는 것만으로도 산지방문은 충분히 가치가 있습니다.

1킬로커피는 몇 년간 수출을 추진해왔습니다. 지난 2019년 7월 중국에 드립백 커피를 처음으로 수출했는데, 감회가 남달랐을 듯합니다.

2015년 7월, 중국 최대 온라인 메신저 '위챗(WeChat)' 쇼핑몰에 입점한 것을 계기로 북경에서 열린 '카페쇼 차이나'에 참가했습니다. 중국 내 판매가 계속 이어지지는 않았지만 이후 몇 차례 그곳에 다니면서 중국 시장에 대해 알고 있던 오해를 바로 잡을 수 있었어요. 중국은 성 단위로 경영환경이 다르기에 단순히 15억 인구를 타깃으로 접근하면 낭패를 본다는 걸 알았습니다. 또한 빈부격차가 커서 수요층의 경제형편에 따라 접근을 달리 해야 한다는 것도요. 가격보다 품질, 디자인, 가치적인 측면을 부각시키면 가능성이 있다고 생각합니다.

온라인쇼핑몰 운영이 오프라인 매장보다 비용이 적게 든다고 생각하기 쉬운데요. 현실은 전혀 그렇지 않지요?

물론이지요. 제게 상담을 요청하시는 분들이 있는데요. 온라인쇼핑몰은 꽤 어렵고 비용도 많이 들어요. 쇼핑몰을 알리기 위해서는 비용이 따를 수밖에 없습니다. 브랜드를 인지해야 사이트에 접속해서 회원으로 가입할 수 있는 여지가 생기지요.

전시회에서 원가도 안 되는 가격으로 세일을 한 건 구매자의 정보를 수집해 회원가입을 유도하기 위해서였습니다. 회원가입을 했다고 해도 구매로 연결되는 건 60% 정도입니다. 전시회를 통한 회원가입도 한계가 있어 포털사이트 키워드 광고를 병행했습니다. 초기에는 그저 인기 검색어를 등록하면 유입, 구매로 이어지리라 생각했는데, 아니었어요. 월 2천만 원 정도 썼지만 효과는 기대에 못 미쳤습니다. 곰곰이 생각해보니 커피를 검색해 들어오는 사람들은 구매 고민 없이 그냥 사이트에 접속하는 경우가 많았어요. 이후 '케냐AA', '인도네시아 만델링', '에티오피아 예가체프' 등 구체적인 검색어로 전환했습니다. 이런 검색어를 치는 사람은 커피를 좀 아는 사람이고 구매로 이어질 수 있으리라 생각했는데 예상대로였어요. 이를 알기까지 2년 정도 걸렸네요. 비싼 수업료를 낸 셈이죠.

커피 상품이 종횡으로 확대되고 있습니다. 그만큼 커피시장이 커지고 수요층이 분화되고 있다는 증거입니다. 이런 가운데 커피산업의 중요한 축인 카페도 변화가 필요한 시점이라고 보는데요. 마지막으로 1킬로커피의 주요 고객이기도 한 자영카페의 발전을 위한 조언이 있다면….

카페예도 사업초기 직영으로 카페를 운영해봐서 자영카페의 현실을 어느 정도 잘 알고 있습니다. 코로나19로 어느 업종보다 힘든 시기를 보내고 있습니다. 효율성을 따질 수밖에 없겠지만 다양해진 소비층처럼 개성이 드러나는 카페가 되었으면 합니다. 커피 산지의 사진 한 장을 보는 것만으로도 커피 맛이 다르게 느껴지거든요. 맛, 그 이상의 가치를 느낄 수 있게 커피에 담긴 문화 콘텐츠가 드러나도록 하면 좋겠습니다. 단지 커피, 음료를 소비하는 공간이 아니라 문화가 영그는 공간으로 자리매김하는 과정에 1킬로커피도 함께 하겠습니다.

> 효율성을 따질 수밖에 없겠지만
다양해진 소비층처럼 개성이 드러나는
카페가 되었으면 합니다.
커피 산지의 사진 한 장을 보는 것만으로도
커피 맛이 다르게 느껴지거든요.
맛, 그 이상의 가치를 느낄 수 있게
커피에 담긴 문화 콘텐츠가
드러나도록 하면 좋겠습니다.

[after **interview**]

2021년 창립 10주년을 맞은 이상호 대표는 분주한 나날을 보내고 있다. 지난 5월 착공한 신공장이 11월 준공되기 때문이다. 회사의 명운을 좌우할 결단이었고, 도약을 위한 선택이었다. 또 다른 10년의 여정이 이곳에서 시작된다.

인터뷰에서 가장 많이 등장한 이름이 한진웅, 그의 오랜 벗이다. 커피사업으로 이끌었고, 밤 바다 등대처럼 방향을 잡아주었다. 진중하고 묵직했다. 1986년 대학 동기로 만났고 함께 자취도 했다. 창업 전까지 다녔던 회사로 이끈 이도 그였다. 언제나 이어지리라 믿었던 인연은 2014년 12월 3일 끊겼다. 뭐가 급한지 갑작스레 세상을 등졌다. "함께 샘플 들고 카페를 돌며 루트세일을 한 일이 어제처럼 생생해요."

공장사무실 공터에 이상호 대표가 심은 메리골드 꽃이 활짝 피었다. 꽃말이 우정이란다. "신공장에도 심을 건가요?" 물었다. "그럼요. 씨앗을 받아 가야지요."

㈜카페예(1킬로커피) 주요 연혁
www.1kgcoffee.co.kr

1킬로커피

2011	회사 창립
2012	프랜차이즈 커피마마 OEM 공급
	온라인 쇼핑몰 오픈
	카페문화 계간지 <카페人> 발행
	COE 멤버 인증
2013	본사(공장) 이전, 생산시설 확장
2014	북경 커피쇼 참가
	힌 국백혈병소아암협회 후원 제품 개발
2016	드립백 제품 8종 출시
2017	ISO 22000 인증 획득
2018	연세대 생협 공급계약 재계약
	시립대 생협 공급계약 체결
2019	콜드브루 출시
	드립백커피 중국수출
2021	캡슐커피 출시
	익산 국가식품클러스터 신공장 준공

카페동네사람들

한국 커피산업 도약기, 사업가 10인의 기록
이세욱 | 송창윤 | 박정수 | 차명원 | 김황 | 이승훈 | 이영성 | 이태언 | 김호기 | 이상호

1판 1쇄 | 2021년 10월 27일
지은이 | 손인수
펴낸이 | 손인수
교정·교열 | 조경숙
표지디자인 | 이동휘
편집디자인 | 디자인플러스
인물사진 제공 | (사)한국커피연합회
인쇄 | 나인애드

펴낸곳 | ㈜벼리커뮤니케이션
등록번호 | 제16-4156호
등록일 | 2007년 3월 26일
주소 | 서울시 강남구 역삼동 테헤란로 313, 1313호 (역삼동, 성지하이츠1차)
대표전화 | 02-2051-5765
팩스 | 02-6007-1592
홈페이지 | www.byuri.co.kr

ⓒ 손인수, 2021

카페의 서재 03
카페동네사람들

ISBN 979-11-90063-11-1
ISBN 979-11-90063-02-9 (세트)

* 책값은 뒤표지에 있습니다.